PETIT DICTIONNAIRE

DE JURISPRUDENCE

A L'USAGE DES

CHASSEURS

«.....En 1887, le nombre des affaires portées devant les tribunaux correctionnels atteint 191,108. Le vol simple entre dans ce total pour 35,349, et le délit de chasse pour 21,798...... »

(Rapport de M. le ministre de la justice. — 1889.)

Ce volume a été déposé au ministère de l'intérieur (section de la librairie) en août 1889.

DU MÊME AUTEUR

PARIS. TYPOGRAPHIE E. PLON, NOURRIT ET Cⁱᵉ, RUE GARANCIÈRE, 8.

PETIT DICTIONNAIRE

DE JURISPRUDENCE

A L'USAGE DES

CHASSEURS

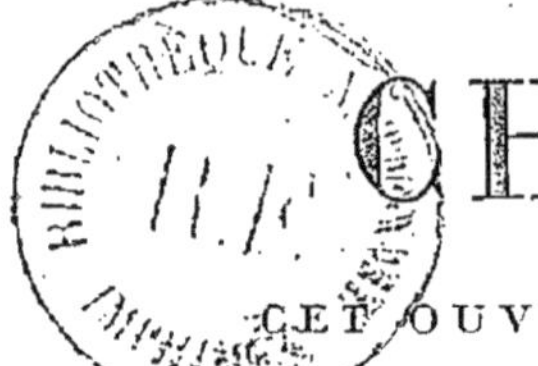

CET OUVRAGE COMPREND NOTAMMENT

La loi sur la chasse

Les éléments de droit et de jurisprudence nécessaires
pour les contestations et procès à propos de chasse

PAR

RAOUL LAJOYE

AVOCAT A LA COUR D'APPEL DE PARIS

PARIS

<table>
<tr><td>

LIBRAIRIE PLON

E. PLON, NOURRIT et Cie,

IMPRIMEURS-ÉDITEURS

10, rue Garancière.

</td><td>

LIBRAIRIE MARESCQ AINÉ

CHEVALIER-MARESCQ et Cie,

LIBRAIRES

20, rue Soufflot.

</td></tr>
</table>

1889

PRÉFACE

Pour le chasseur qui veut éviter les procès, il ne suffit pas d'avoir quelques notions de droit : les variations de la jurisprudence sont continuelles, et les tribunaux ne s'accordent pas souvent sur l'interprétation des lois qui régissent la chasse.

Il faut être du métier pour débrouiller quelque peu cet écheveau d'arrêts et de jugements qui soutiennent tantôt l'affirmative, tantôt la négative, condamnent aujourd'hui, acquittent le lendemain, non pas à tort et à travers, mais parce que presque toujours ce genre de procès roule sur des questions de fait, et que les législateurs ne peuvent pas prévoir toutes les *espèces*.

Ce petit dictionnaire n'a pas la prétention de signaler tous les écueils, mais de permettre au chasseur embarrassé de se former par lui-même une opinion avant d'avoir recours à son conseil.

Un mauvais arrangement vaut mieux que deux

bons procès, disons-nous au Palais : c'est la vérité.

Permettez-moi donc, cher lecteur, de vous donner un avis amical : si vous avez une difficulté de chasse avec votre voisin, commencez par retrouver du calme (la colère est mauvaise conseillère); puis, ayez recours à mon livre et voyez s'il vous donne tort ou raison.

Vous êtes-vous trompé?—Mettez de côté l'amour-propre (la source de la plupart des procès !) et proposez un arrangement.

La question est-elle douteuse ? — Arrangez-vous encore.

Avez-vous raison ? — Je vous dirai malgré cela : Tentez la conciliation.

Non seulement les procès sont onéreux, mais ils entraînent les mauvais rapports entre voisins, les tracasseries, les ennuis continuels.

Alors la chasse devient impossible ! Comment se livrer agréablement au plaisir que vous trouvez à voir votre chien faire une belle quête, comment ne pas être troublé à la pensée que vos bassicots peuvent passer chez le voisin à la suite de maître Jeannot, si vous savez que, derrière chaque taillis, chaque buisson, un garde à l'œil vigilant ne vous quitte pas de vue, tout prêt à vous dresser procès-verbal, dans le cas où vous dépasseriez d'un mètre, que dis-je? d'un centimètre, la limite de vos terres?

Tandis qu'entre propriétaires qui sont d'accord, c'est une satisfaction que de se faire des concessions réciproques : tout le monde y gagne, principalement les amateurs de chasses aux chiens courants, car, vous ne l'ignorez pas, les chasses de longue haleine ne sont plus possibles aujourd'hui, si le droit de suite n'est pas toléré entre voisins, puisque, légalement, le droit de suite n'existe plus.

Cerfs, chevreuils et lièvres se réjouissent, mais les toutous s'amusent beaucoup moins lorsqu'ils se trouvent *coupés* par des importuns qui ne ménagent pas la trique. Je ne parle pas des chasseurs qui poussent des cris désespérés pour rappeler leurs chiens et rentrent au logis tout penauds, avec le carnier vide, bien heureux si cette bredouille ne leur réserve pas une bonne assignation !

Faites donc l'impossible pour ne pas avoir de procès.

Si cependant il faut absolument aller de l'avant, alors consultez encore mon petit livre, et au moins, lorsque vous entrerez dans le cabinet de votre avocat, vous pourrez lui présenter un dossier bien préparé.

Que de fois un procès est perdu parce que le client a négligé quelque pièce qu'il jugeait sans importance, quelque mesure préventive lui réservant un moyen de défense, ce qui ne se devine pas quand on ne sait pas !

Moi aussi, je suis bien loin de tout savoir, hélas !
— Pesez donc mes conseils avant d'en user, et,
dans les questions controversées, s'il m'arrive souvent de donner une solution personnelle, par saint
Hubert ! ne l'acceptez pas sans réfléchir. Prenez
encore conseil : « De la discussion jaillit la lumière »,
en droit plus qu'en toute autre matière, et ne
franchissez le seuil du temple de Thémis qu'à votre
corps défendant.

Souvenez-vous du renard de La Fontaine :

> *... Dans cet antre*
> *Je vois fort bien comme l'on entre*
> *Et ne vois pas comme on en sort.*

R. L.

12 mars 1889.

LOI

SUR LA POLICE DE LA CHASSE

3 mai 1844[1]

(B. des L., 9e série, no 11257)

Section première. — *De l'exercice du droit de chasse.*

Art. 1er. Nul ne pourra chasser, sauf les exceptions ci-après, si la chasse n'est pas ouverte, et s'il ne lui a pas été délivré un permis de chasse par l'autorité compétente. — Nul n'aura la faculté de chasser sur la propriété d'autrui sans le consentement du propriétaire ou de ses ayants droit.

2. Le propriétaire ou possesseur peut chasser ou faire chasser en tout temps, sans permis de chasse, dans ses possessions attenant à une habitation et entourées d'une clôture continue faisant obstacle à toute communication avec les héritages voisins.

3. Les préfets détermineront, par des arrêtés publiés au moins dix jours à l'avance, les époques des ouvertures et celles des clôtures des chasses, soit à tir, soit

[1] Voir dans le Dictionnaire le mot *Chasse* (lois actuelles).

à courre, à cor et à cri, dans chaque département. (Ainsi modifié par la loi du 22 janv. 1874.)

4. Dans chaque département il est interdit de mettre en vente, de vendre, d'acheter, de transporter et de colporter du gibier pendant le temps où la chasse n'y est pas permise. — En cas d'infraction à cette disposition, le gibier sera saisi, et immédiatement livré à l'établissement de bienfaisance le plus voisin, en vertu soit d'une ordonnance du juge de paix, si la saisie a eu lieu au chef-lieu de canton, soit d'une autorisation du maire, si le juge de paix est absent, ou si la saisie a été faite dans une commune autre que celle du chef-lieu. Cette ordonnance ou cette autorisation sera délivrée sur la requête des agents ou gardes qui auront opéré la saisie, et sur la présentation du procès-verbal régulièrement dressé. — La recherche du gibier ne pourra être faite à domicile que chez les aubergistes, chez les marchands de comestibles et dans les lieux ouverts au public. — Il est interdit de prendre ou de détruire, sur le terrain d'autrui, des œufs et des couvées de faisans, de perdrix et de cailles.

5. Les permis de chasse seront délivrés, sur l'avis du maire et du sous-préfet, par le préfet du département dans lequel celui qui en fera la demande aura sa résidence ou son domicile. — La délivrance des permis de chasse donnera lieu au payement d'un droit de quinze francs au profit de l'État, et de dix francs au profit de la commune dont le maire aura donné l'avis énoncé au paragraphe précédent. — Les permis de chasse seront personnels; ils seront valables pour tout le royaume, et pour un an seulement.

6. Le préfet pourra refuser le permis de chasse : — 1º A tout individu majeur qui ne sera point personnellement inscrit, ou dont le père ou la mère ne serait pas inscrit au rôle des contributions; — 2º A tout individu qui, par une condamnation judiciaire, a été privé de l'un ou de plusieurs des droits énumérés dans l'article 42 du Code pénal, autres que le droit de port d'armes; — 3º A tout condamné à un emprisonnement de plus de six mois pour rébellion ou violence envers les agents de l'autorité publique; — 4º A tout condamné pour délit d'association illicite, de fabrication, débit, distribution de poudre, armes ou autres munitions de guerre; de menaces écrites ou de menaces verbales avec ordre ou sous conditions; d'entraves à la circulation des grains; de dévastations d'arbres ou de récoltes sur pied, de plants venus naturellement ou faits de main d'homme; — 5º A ceux qui auront été condamnés pour vagabondage, mendicité, vol, escroquerie ou abus de confiance. — La faculté de refuser le permis de chasse aux condamnés dont il est question dans les paragraphes 3, 4 et 5 cessera cinq ans après l'expiration de la peine.

7. Le permis de chasse ne sera pas délivré : — 1º Aux mineurs qui n'auront pas seize ans accomplis; — 2º Aux mineurs de seize à vingt et un ans, à moins que le permis ne soit demandé pour eux par leur père, mère, tuteur ou curateur, porté au rôle des contributions; — 3º Aux interdits; — 4º Aux gardes champêtres ou forestiers des communes et établissements publics, ainsi qu'aux gardes forestiers de l'État et aux gardes-pêche.

8. Le permis de chasse ne sera pas accordé : — 1° A ceux qui, par suite de condamnations, sont privés du droit de port d'armes ; — 2° A ceux qui n'auront pas exécuté les condamnations prononcées contre eux pour l'un des délits prévus par la présente loi ; — 3° A tout condamné placé sous la surveillance de la haute police.

9. Dans le temps où la chasse est ouverte, le permis donne à celui qui l'a obtenu le droit de chasser de jour, soit à tir, soit à courre, à cor et à cri, suivant les distinctions établies par les arrêtés préfectoraux, sur ses propres terres et sur les terres d'autrui, avec le consentement de celui à qui le droit de chasse appartient. — Tous les autres moyens de chasse, à l'exception des furets et des bourses destinés à prendre les lapins, sont formellement prohibés. — Néanmoins, les préfets des départements, sur l'avis des conseils généraux, prendront des arrêtés pour déterminer : — 1° L'époque de la chasse des oiseaux de passage autres que la caille, la nomenclature des oiseaux et les modes et procédés de chasse pour les diverses espèces ; — 2° Le temps pendant lequel il sera permis de chasser le gibier d'eau dans les marais, sur les étangs, fleuves et rivières ; — 3° Les espèces d'animaux malfaisants ou nuisibles que le propriétaire, possesseur ou fermier pourra en tout temps détruire sur ses terres, et les conditions de l'exercice de ce droit, sans préjudice du droit appartenant au propriétaire ou au fermier de repousser et de détruire, même avec des armes à feu, les bêtes fauves qui porteraient dommage à ses propriétés. — Ils pourront prendre également des arrêtés : 1° Pour prévenir la destruction des oiseaux ou pour favoriser leur repeu-

plement; — 2° Pour autoriser l'emploi des chiens lévriers pour la destruction des animaux malfaisants ou nuisibles; — 3° Pour interdire la chasse pendant les temps de neige. (Ainsi modifié par la loi du 22 janv. 1874.)

10. Des ordonnances royales détermineront la gratification qui sera accordée aux gardes et gendarmes rédacteurs des procès-verbaux ayant pour objet de constater les délits. (Voy. Ord. 5 mai 1845 et Décr. 4 août 1852, aux Tarifs criminels.)

Section II. — Des peines.

11. Seront punis d'une amende de seize à cent francs : — 1° Ceux qui auront chassé sans permis de chasse; — 2° Ceux qui auront chassé sur le terrain d'autrui sans le consentement du propriétaire. — L'amende pourra être portée au double si le délit a été commis sur des terres non dépouillées de leurs fruits, ou s'il a été commis sur un terrain entouré d'une clôture continue faisant obstacle à toute communication avec les héritages voisins, mais non attenant à une habitation. — Pourra ne pas être considéré comme délit de chasse le fait du passage des chiens courants sur l'héritage d'autrui, lorsque ces chiens seront à la suite d'un gibier lancé sur la propriété de leurs maîtres, sauf l'action civile, s'il y a lieu, en cas de dommage; — 3° Ceux qui auront contrevenu aux arrêtés des préfets concernant les oiseaux de passage, le gibier d'eau, la chasse en temps de neige, l'emploi des chiens lévriers, ou aux arrêtés concernant la destruction des oiseaux et celle

1.

des animaux nuisibles ou malfaisants; — 4° Ceux qui auront pris ou détruit, sur le terrain d'autrui, des œufs ou couvées de faisans, de perdrix ou de cailles. — Les fermiers de la chasse, soit dans les bois soumis au régime forestier, soit sur les propriétés dont la chasse est louée au profit des communes ou établissements publics, qui auront contrevenu aux clauses et conditions de leurs cahiers de charges relatives à la chasse.

12. Seront punis d'une amende de cinquante à deux cents francs, et pourront en outre l'être d'un emprisonnement de six jours à deux mois : — 1° Ceux qui auront chassé en temps prohibé; — 2° Ceux qui auront chassé pendant la nuit ou à l'aide d'engins et instruments prohibés, ou par d'autres moyens que ceux qui sont autorisés par l'art. 9; — 3° Ceux qui seront détenteurs ou ceux qui seront trouvés munis ou porteurs, hors de leur domicile, de filets, engins ou autres instruments de chasse prohibés; — 4° Ceux qui, en temps où la chasse est prohibée, auront mis en vente, vendu, acheté, transporté ou colporté du gibier; — 5° Ceux qui auront employé des drogues ou appâts qui sont de nature à enivrer le gibier ou à le détruire; — 6° Ceux qui auront chassé avec appeaux, appelants ou chanterelles. — Les peines déterminées par le présent article pourront être portées au double contre ceux qui auront chassé pendant la nuit sur le terrain d'autrui et par l'un des moyens spécifiés au paragraphe 2, si les chasseurs étaient munis d'une arme apparente ou cachée. — Les peines déterminées par l'article 11 et par le présent article seront toujours

portées au maximum lorsque les délits auront été commis par les gardes champêtres ou forestiers des communes, ainsi que par les gardes forestiers de l'État et des établissements publics.

13. Celui qui aura chassé sur le terrain d'autrui sans son consentement, si ce terrain est attenant à une maison habitée ou servant à l'habitation, et s'il est entouré d'une clôture continue faisant obstacle à toute communication avec les héritages voisins, sera puni d'une amende de cinquante à trois cents francs, et pourra l'être d'un emprisonnement de six jours à trois mois. — Si le délit a été commis pendant la nuit, le délinquant sera puni d'une amende de cent francs à mille francs, et pourra l'être d'un emprisonnement de trois mois à deux ans, sans préjudice, dans l'un ou l'autre cas s'il y a lieu, de plus fortes peines prononcées par le Code pénal.

14. Les peines déterminées par les trois articles qui précèdent pourront être portées au double si le délinquant était en état de récidive, s'il était déguisé ou masqué, s'il a prix un faux nom, s'il a usé de violence envers les personnes, ou s'il a fait des menaces, sans préjudice, s'il y a lieu, de plus fortes peines prononcées par la loi. — Lorsqu'il y aura récidive, dans les cas prévus en l'article 11, la peine de l'emprisonnement de six jours à trois mois pourra être appliquée si le délinquant n'a pas satisfait aux condamnations précédentes.

15. Il y a récidive lorsque, dans les douze mois qui ont précédé l'infraction, le délinquant a été condamné en vertu de la présente loi.

16. Tout jugement de condamnation prononcera la confiscation des filets, engins et autres instruments de chasse. Il ordonnera, en outre, la destruction des instruments de chasse prohibés. — Il prononcera également la confiscation des armes, excepté dans le cas où le délit aura été commis par un individu muni d'un permis de chasse, dans le temps où la chasse est autorisée. — Si les armes, filets, engins ou autres instruments de chasse n'ont pas été saisis, le délinquant sera condamné à les représenter ou à en payer la valeur, suivant la fixation qui en sera faite par le jugement, sans qu'elle puisse être au-dessous de cinquante francs. — Les armes, engins ou autres instruments de chasse, abandonnés par les délinquants restés inconnus, seront saisis et déposés au greffe du tribunal compétent. La confiscation et, s'il y a lieu, la destruction en seront ordonnées sur le vu du procès-verbal. — Dans tous les cas, la quotité des dommages-intérêts est laissée à l'appréciation des tribunaux.

17. En cas de conviction de plusieurs délits prévus par la présente loi, par le Code pénal ordinaire ou par les lois spéciales, la peine la plus forte sera seule prononcée. — Les peines encourues pour des faits postérieurs à la déclaration du procès-verbal de contravention pourront être cumulées, s'il y a lieu, sans préjudice des peines de la récidive.

18. En cas de condamnation pour délits prévus par la présente loi, les tribunaux pourront priver le délinquant du droit d'obtenir un permis de chasse pour un temps qui n'excédera pas cinq ans.

19. La gratification mentionnée en l'article 10 sera

prélevée sur le produit des amendes. — Le surplus desdites amendes sera attribué aux communes sur le territoire desquelles les infractions auront été commises.

20. L'article 463 du Code pénal ne sera pas applicable aux délits prévus par la présente loi.

SECTION III. — De la poursuite et du jugement.

21. Les délits prévus par la présente loi seront prouvés soit par procès-verbaux ou rapports, soit par témoins, à défaut de rapports et procès-verbaux, ou à leur appui.

22. Les procès-verbaux des maires et adjoints, commissaires de police, officier, maréchal des logis ou brigadier de gendarmerie, gendarmes, gardes forestiers, gardes-pêche, gardes champêtres ou gardes assermentés des particuliers, feront foi jusqu'à preuve contraire.

23. Les procès-verbaux des employés des contributions indirectes et des octrois feront également foi jusqu'à preuve contraire, lorsque dans la limite de leurs attributions respectives, ces agents rechercheront et constateront les délits prévus par le paragraphe 1er de l'article 4.

24. Dans les vingt-quatre heures du délit, les procès-verbaux des gardes seront, à peine de nullité, affirmés par les rédacteurs devant le juge de paix ou l'un de ses suppléants, ou devant le maire ou l'adjoint, soit de la commune de leur résidence, soit de celle où le délit aura été commis.

25. Les délinquants ne pourront être saisis ni

désarmés ; néanmoins, s'ils sont déguisés ou masqués, s'ils refusent de faire connaître leurs noms, ou s'ils n'ont pas de domicile connu, ils seront conduits immédiatement devant le maire ou le juge de paix, lequel s'assurera de leur individualité.

26. Tous les délits prévus par la présente loi seront poursuivis d'office par le ministère public, sans préjudice du droit conféré aux parties lésées par l'article 182 du Code d'instruction criminelle. — Néanmoins, dans le cas de chasse sur le terrain d'autrui sans le consentement du propriétaire, la poursuite d'office ne pourra être exercée par le ministère public, sans une plainte de la partie intéressée, qu'autant que le délit aura été commis dans un terrain clos, suivant les termes de l'article 2, et attenant à une habitation, ou sur des terres non encore dépouillées de leurs fruits.

27. Ceux qui auront commis conjointement les délits de chasse seront condamnés solidairement aux amendes, dommages-intérêts et frais.

28. Le père, la mère, le tuteur, les maîtres et commettants, sont civilement responsables des délits de chasse commis par leurs enfants mineurs non mariés, pupilles demeurant avec eux, domestiques ou préposés, sauf tout recours de droit. — Cette responsabilité sera réglée conformément à l'article 1384 du Code civil, et ne s'appliquera qu'aux dommages-intérêts et frais, sans pouvoir toutefois donner lieu à la contrainte par corps.

29. Toute action relative aux délits prévus par la présente loi sera prescrite par le laps de trois mois, à compter du jour du délit.

SECTION IV. — *Dispositions générales.*

30. Les dispositions de la présente loi relatives à l'exercice du droit de chasse ne sont pas applicables aux propriétés de la Couronne. Ceux qui commettraient des délits de chasse dans ces propriétés seront poursuivis et punis conformément aux sections II et III. (Les biens de la Couronne ont fait retour à l'État ; Décr. du 6 sept. 1870.)

31. Le décret du 4 mai 1812 et la loi du 30 avril 1790 sont abrogés. Sont et demeurent également abrogés les lois, arrêtés, décrets et ordonnances intervenus sur les matières réglées par la présente loi, en tout ce qui est contraire à ses dispositions.

PETIT
DICTIONNAIRE
DE JURISPRUDENCE
A L'USAGE DES CHASSEURS

A

ABEILLE. V. *Fourmi.* (L. 28 sept. — 6 oct. 1791. T. Ier, sect. 3, art. 5. — L. 4 avril 1889.) — Le propriétaire d'un essaim a le droit de le réclamer et de s'en ressaisir, tant qu'il n'a pas cessé de le suivre; autrement l'essaim appartient au propriétaire du terrain sur lequel il s'est fixé.

Ne constitue pas un acte de chasse, mais un vol, le fait de s'emparer des animaux domestiques que l'on appelle parfois animaux sédentaires, c'est-à-dire qui, sans être familiers avec l'homme, se fixent dans les lieux que celui-ci a préparés pour leur retraite ou qui ont perdu par ses soins leur férocité naturelle. Telles sont les abeilles... (D. C. ch., art. 1. —V. Q. q. 5e série.)

ABUS de confiance. V. *Permis, Marchandise.*

ACCESSION (C. civ., art. 147 et suiv.). V. *Fourmi.*

ACCIDENT. V. *Responsabilité.*

ACHAT. V. *Braconnage.*

ACHEVER. — Il est généralement admis que le gibier *mortellement* blessé devient la propriété de celui qui l'a frappé. (D. C., ch., art. 1.)

Il ne suffit pas que l'animal soit blessé. Il y a donc dans l'achèvement d'une pièce une question de fait à juger pour établir à qui elle appartient. (V. Q. q. 1re série, p. 39.)

ACQUIT. V. *Quittance.*

ACQUITTEMENT. (C. instr. crim., 358.) — L'accusé acquitté pourra obtenir des dommages-intérêts contre ses dénonciateurs pour fait de calomnie. Mais il ne suffit pas que les faits soient faux; il faut qu'il y ait intention frauduleuse de la part du dénonciateur. (D. C. p., art. 373.)

ACTE authentique. V. *Notaire.* (C. civ., 317.) — Acte fait par un officier public.

ACTE sous seing privé (C. civ., 1322). — Acte fait sans avoir recours à l'officier public.

Lorsqu'un acte sous seing privé est bilatéral (synallagmatique), c'est-à-dire engageant plusieurs parties réciproquement, il faut autant d'originaux que de parties, et l'on ajoute au bas de chaque original, suivant le nombre des parties : « Fait double, triple, etc. »

ACTE préparatoire. V. *Chien* (limier). — Il ne doit pas être confondu avec le fait de chasse proprement dit, son objet étant seulement de faciliter une chasse: il échappe à l'application de la loi de 1844. (D. C. ch., art. 1.) — *Contrà :* Cour de cassation.

ACTION. V. *Juge de paix*. (C. instr. crim., art. 1-4, 637, 638, 640.) — C'est l'action en réparation du dommage causé par un crime, un délit ou une contravention.

Elle peut, pour la réparation du dommage, être portée en même temps et devant les mêmes juges que l'*action publique* pour l'application de la peine. (Dict. C.)

ADJUDICATION de la chasse. — 1° *Dans les propriétés de l'État*. (*Formalités*. V. ordonn. 20 juin 1845. — *Cahier de charges*, 6 oct. 1880. — V. D. C. ch., art. 1.)

Formalités (adjudication aux enchères, ou au rabais, ou par soumissions cachetées), *Cahier de charges* (bail de neuf années; le 5 oct. 1880, il n'est plus parlé que des adjudications aux enchères).

Dans le cas où il n'y a pas d'adjudicataire, le directeur des forêts peut donner des *licences* (permissions annuelles) moyennant redevance. (Déc. min. fin., 28 nov. 1863.)

2° *Dans les propriétés des communes* (Loi du 5 avril 1884, art. 68).

Ne sont exécutoires qu'après avoir été approuvées par l'autorité supérieure les délibérations du conseil municipal portant sur les objets suivants : 1° Les conditions des baux dont la durée dépasse dix-huit ans...

Les locations de chasse peuvent se faire soit par adjudication (par le maire assisté de deux conseillers municipaux, art. 89), soit par-devant notaire (opinion de Giraudeau, n° 269), soit de gré à gré (par le maire, sous le contrôle du conseil municipal et la surveillance de l'administration supérieure, art. 90).

ADJOINT. V. *Maire.*

ADMINISTRATION. Juridiction administrative. V. *Préfet.* V. *Veneur (grand).*

V. *Conseil de préfecture.*

AFFIRMATION. V. *Procès-verbal.*

AFFLICTIVE. V. *Infamante.*

AFFUT. — Il y a fait de chasse dans l'acte de se placer à l'affût sur le passage du gibier. (D. C. ch.)

Cette chasse est défendue pendant la nuit.

AGE. V. *Permis de chasse.* (Loi de 1844, art. 7.) — Majorité nécessaire pour demander un permis de chasse. Au-dessous de vingt et un ans, il faut l'autorisation des parents ou tuteurs portés au rôle des contributions.

Au-dessous de seize ans, il n'y a pas lieu d'accorder un permis de chasse.

Pour la femme, V. *Permis de chasse.*

AGENT. V. *Garde, Gardien.*

AGRICULTEUR. V. *Récoltes.*

AIDE. V. *Porte-carnier.*

AINIÈRE. — Toute espèce de filets destinés à prendre des oiseaux, et notamment l'ainière constitue un engin prohibé dont la simple détention est un délit. (Caen, 21 juillet 1874.)

Exception pour les instruments autorisés par les arrêtés préfectoraux, mais seulement dans les départements pour lesquels ces arrêtés ont été rendus. (C. Cass., 4 avril 1846.)

AJOURNEMENT. Assignation en justice. (Code

proc., art. 1-7; 59-74; 415-420; 456.) — L'assignation prend le nom de citation, en justice de paix; d'ajournement, en première instance; d'acte d'appel devant la Cour d'appel; d'acte de pourvoi devant la Cour de cassation. (Dict. C.)

ALGÉRIE. — La loi de 1844 est exécutoire en Algérie depuis le décret du 22 nov. 1850 (sauf quelques légères modifications).

ALIBI. — Présence d'une personne dans un autre lieu que celuï où a été commis un crime ou un délit.

ALOUETTE. — L. du 3 mai 1844, art. 1, art. 9, art. 12. — Voir aussi *Collet, Lacet, Volière.*

En thèse générale, la nécessité des permis s'applique à toute espèce et à tout mode de chasse... notamment à la chasse des alouettes avec des lacets garnis de crins. (Cr. c., 18 avril 1845. D. P. 45, 1, 266.)

Si l'arrêté du préfet ne mentionne pas les alouettes parmi les oiseaux de passage, la chasse en est défendue après la fermeture de la chasse.

Le miroir n'est pas un engin prohibé.

ALOUETTE de mer. V. *Hutte.* — La question de savoir si la loi de 1844 est applicable au gibier de mer est controversée.

La négative me paraît préférable tant pour la mer que pour les étangs salés. (V. Q. q. 1re série, p. 83.)

AMENDE. (22 juillet 1867.) — La contrainte par corps est maintenue pour le payement des amendes (1867).

Les amendes de police rurale et municipale appartiennent exclusivement aux communes sur le territoire desquelles les contraventions ont été commises ;
il en est de même des amendes pour délits de chasse,
sauf prélèvement des gratifications accordées aux
agents. (Dict. C.)

AMODIATION. V. *Exploitation*.

AMORCES. V. *Pièges*.

ANIMAL domestique. V. aussi *Garenne*. V. aussi
Chien. — (Mauvais traitements.) Loi Grammont. (Divagation.) — C. pén., 475 et 478. (Délits dans les bois.)
— C. for., 199.

ANIMAL sédentaire. — Décr. 4 août 1789. — L.
1844, art. 1er. Voir *Abeilles*, *Fourmis*, *Pigeons*. — Les
animaux domestiques ne sont pas susceptibles d'être
l'objet de la chasse, non plus que les animaux sédentaires (abeilles, pigeons). Exception pour les pigeons
aux époques où ils doivent être enfermés. — (Décr.
4 août 1789, art. 2.)

Obs. Par suite les animaux qui s'établissent d'une
manière stable dans une propriété peuvent être considérés comme appartenant au propriétaire, tant
qu'ils ne s'éloignent pas sans esprit de retour, par
exemple : les abeilles, les fourmis.

(Pour ces dernières, la question est plus nouvelle,
les fourmis étant devenues une source de produit
pour l'alimentation des faisans.) V. Q. q. 5e série.

ANIMAL sauvage. — V. *Bête fauve, nuisible, Pigeon*.
— La chasse a seulement pour objet les animaux sauvages, c'est-à-dire ceux que ni la nature, ni l'habitude
n'ont façonnés au joug ou à la société de l'homme,

qu'ils soient propres ou non à l'alimentation, utiles ou inoffensifs, malfaisants ou nuisibles.

Il faut cependant faire une distinction entre la *chasse* du gibier et la *destruction* des animaux nuisibles ou malfaisants.

« Ce n'est pas, en effet, chasser à proprement parler, que de tirer sur un animal dangereux, pour la défense des personnes ou des animaux domestiques. » (D. C. ch., art. 1.) Enfin, le gibier est *res nullius*, puisque, par sa nature vagabonde, il échappe à la possession.

APPARITEUR. V. *Gardien.*

APPAT. V. *Pièges.*

APPEAU. — (Loi 1844, art. 12.) — On nomme appeaux les instruments servant à imiter le cri des animaux pour les attirer aux affûts et aux pièges.

Ce sont des moyens prohibés de chasse, mais non des engins prohibés.

Leur simple détention n'est donc pas un délit, et ils ne peuvent être confisqués. (V. D. C. ch., art. 12.)

APPEL. V. *Condamnation, Cour d'appel, Référé.*

APPELANT. V. *Intimé.*

APPOINTEMENT.—(C. civ., 2271-2272.)—L'action des ouvriers et gens de travail, pour leurs journées, fournitures et salaires, se prescrit par six mois; celle des domestiques qui se louent à l'année est, pour le payement de leur salaire, de un an.

APPUYER. V. *Exciter, Équipage.*

ARBITRE. — (C. pr., art. 1003 et suiv.) — Prendre un tiers comme juge d'un différend, c'est bien souvent le meilleur moyen d'éviter procès, perte d'argent et de temps.

ARBRES (dévastation). V. *Permis.*

ARE. — Vaut en superficie 100 mètres carrés.

ARME (prohibée). V. *Permis de chasse, Fusil.* — 22 mars 1728, 21 mai 1874, 13 mars 1806, 23 décembre 1805. — C. pén., 314, 315. — La loi du 14 août 1885 autorise la libre fabrication et le commerce des armes de toute espèce, non réglementaires en France.

Cependant, pour les armes dites *prohibées* (poignards, pistolets de poche, fusils à vent, etc.), il y a controverse : certains tribunaux considèrent les lois anciennes sur les armes prohibées comme abrogées ; d'autres tribunaux sont d'un avis contraire qui me paraît préférable.

Chasse à tir. — Elle se fait ordinairement au fusil, mais on pourrait employer d'autres armes « pourvu que l'on ne contrevienne pas aux lois sur les armes prohibées ». (D. C. ch., art. 9.)

Chasse à courre. — L'usage des armes à feu dans une chasse à courre, après la fermeture de la chasse à tir, ne peut être que très exceptionnel. Il ne serait licite d'user d'armes à feu qu'en cas de péril imminent. (D. C. ch., art. 9.) V. *Fouet.*

ARMURIER. V. *Arme.*

ARPENT. — Ancienne mesure agraire, contenant cent perches carrées. (Il y avait le petit, le moyen, le grand arpent : il faut deux grands arpents environ pour représenter un hectare.)

ARRACHEMENT. (C. for., 192 et suiv.) — Les peines varient suivant la qualité et la grosseur des arbres.

ARRANGEMENT. — Même observation que pour l'arbitrage.

ARRESTATION. V. *Illégale.* — (Loi 1844, art. 25.)
— L'arrestation en cas de délit de chasse ne peut
avoir lieu que si le délinquant est déguisé ou masqué,
s'il refuse de faire connaître son nom ou s'il n'a pas
de domicile connu.

Quant à le désarmer, la question est controversée; je pense cependant que ce serait rendre la loi
inexécutable, si, en cas de rébellion, les agents de
l'autorité ne pouvaient employer la force. (Conf.
Leblond, *Code de chasse.*)

ARRÊTÉ. V. *Préfet* et *Loup.*

ASSERMENTER. V. *Garde.*

ASSIGNATION. V. *Ajournement.*

ASSIGNATION à bref délai. V. *Référé.*

ASSOCIATION. V. *Société* et *Permis de chasse.*

ASSOMMOIR. V. *Piège.*

ATTITUDE. V. *Chasseur.*

AUBERGE. — L. 1844, art. 4. — Les visites domiciliaires dans le but de rechercher le gibier en temps
prohibé peuvent être faites au domicile des aubergistes et des marchands de gibier; par domicile, il
faut entendre la maison entière. (V. D. J. G.
Chasse, 225.)

AURORE. V. *Nuit.*

AUTEUR (C. p., 59-60). — Celui qui commet l'acte
répréhensible; coauteur : celui qui coopère audit acte.
Complice : celui qui provoque à cet acte par pro-
messes, assistance, etc.; sauf certaines exceptions, la
peine est la même pour les auteurs, coauteurs et
complices.

AUTORISATION. V. *Femme, Mineur, Interdit.* —

2

L. 1844, art. 1. — Aucune forme n'est obligatoire pour l'autorisation de chasser donnée par le propriétaire : elle peut être verbale, écrite et même tacite. Mais c'est au prévenu à faire la preuve.

AUTRUI. V. *Terrain.*

AUXILIAIRE. V. *Porte-carnier, Battue, Loup.*

AVIS, réquisition. V. *Battues.*

AVEU. V. *Procès-verbal.*

AVOCAT. V. *Conseil.*

AVOUÉ. V. *Conseil.*

B

BAIL. V. *Tacite.* — C. civ., art. 1714 et suiv. — Lois du 23 août 1871 et 28 févr. 1872. — La location d'une chasse se fait conformément aux règles du droit commun.

BAILLEUR. V. *Enregistrement, Jardin.* — Ne pas oublier l'enregistrement, et à défaut de conventions écrites, faire la déclaration, à moins que la location verbale soit inférieure à trois ans et soit au-dessous de 100 francs.

C'est au bailleur à faire la déclaration.

BAN de vendange (C. pén., 475). — Les bans de vendange ne sont légaux qu'autant qu'ils s'appliquent à des vignes non closes et qu'ils concernent les communes où ils étaient autorisés par un usage antérieur à la loi du 28 septembre 1791, qui a conservé aux maires le droit de le publier. — Cass., 22 mars 1855 ; 24 avril 1858.

BANDE. V. *Terrines.*

BANDEROLE. V. aussi *Acte préparatoire*. — Est-ce un acte préparatoire ou un commencement de chasse? La question est controversée. Acte préparatoire suivant Paris (31 mars 1865 et 26 janv. 1866). — C. cass., 16 juin 1866. — Commencement de chasse, suivant tribunal Rambouillet, 26 janv. 1865, et Fontainebleau, 7 mai 1862.

Leblond et Neyremand sont de l'avis de la Cour de cassation.

BARRIÈRE. L. 1844, art. 2. — V. aussi *Collet* (visite domiciliaire). — V. *Enclos*. — D'après la majorité des auteurs, une porte ou une barrière même ouvrante ne fait pas perdre à une clôture son caractère de continuité.

Jugé, au contraire, qu'on ne doit pas réputer clos le terrain qui, par des échaliers ou des barrières ouvrant à volonté, offre un libre accès au public. (Rennes, 11 nov. 1833.) — D. ch., art. 2.

Le principe de l'art. 2 repose sur l'inviolabilité du domicile contre les agents chargés de constater les délits de la chasse. (V. le rapport du garde des sceaux fait à la Chambre des pairs en 1844. — Trib. de Rouen, 19 févr. 1867.)

La clôture exigée par la loi est une clôture qui préserve la propriété contre l'entrée des particuliers et non du gibier (même arrêt).

Ce système me paraît préférable à celui de la Cour de Rennes.

Mais s'il existe des *brèches* dans la clôture et que le propriétaire ne les répare pas, la question change, l'intention de faire obstacle à toute communication avec les héritages voisins n'étant plus suffisamment prouvée.

BASSE - COUR. V. *Animal.* V. aussi *Gibier.* — Si ce sont des volailles, de quelque espèce que ce soit, qui causent le dommage, le propriétaire, le détenteur ou le fermier qui l'éprouvera, pourra les tuer, mais seulement sur les lieux, au moment du dégât. (Art. 12, t. II, loi du 28 sept. — 6 oct. 1791. — L. 4 avril 1889.)

BASSET. V. *Chien.*

BATEAU. V. *Hutte.*

BATON. — Si les faits sont suffisamment établis, l'emploi du bâton ou de pierres dans l'espoir d'atteindre un gibier est un acte de chasse. (D. J. G. *Chasse,* 37.)

BATTERIE. V. *Piège.*

BATTUE (ou *traque*). 1° Loi du 5 avril 1884, art. 90 et 96. — Les arrêtés par lesquels les maires prennent, en vertu de l'art. 90 de la loi du 5 avril 1884, des mesures relatives à la destruction des animaux nuisibles, à défaut des détenteurs de la chasse, à ce *dûment* invités, ne sont obligatoires qu'après avoir été portés à la connaissance des intéressés par voie de publication et d'affiches, toutes les fois qu'ils contiennent des dispositions générales, et, dans les autres cas, par voie de notification individuelle, conformément à l'art. 96 de la même loi. — (Trib. de Compiègne, 29 juillet 1885. — D. J. G. 12, *Chasse.*)

L'article 96 dit que la notification est établie par le récépissé de la partie intéressée ou, à son défaut, par l'original de la notification conservée dans les archives de la mairie.

Comme sanction, il y a condamnation à une amende de dix francs pour refus d'obéir à la réquisition du maire pour coopérer à une battue. (Arrêtés des 26 février 1697 et 14 janvier 1698.) — V. Q. q. 4ᵉ série, p. 65.

Il semble difficile, dit Dalloz, de prononcer cette condamnation, la loi municipale ne se référant pas aux arrêts de 1697 et de 1698, mais il y aurait lieu d'appliquer les peines de simple police, prévues par l'art. 471-15° du C. pénal.

2° L. 1844, art. 1. V. aussi les mots *Loup*, *Dûment*.

La *traque* ou *battue* qui consiste à faire lever le gibier et à le pousser vers le chasseur, constitue de la part du traqueur un acte de chasse. Il en résulte que le traqueur est passible des peines édictées par la loi de 1844, lorsque la chasse a lieu irrégulièrement. (D. C. ch., art. 1ᵉʳ.)

La traque n'étant qu'un procédé accessoire, le traqueur n'est pas personnellement assujetti à la formalité du permis, quand il assiste un chasseur qui, lui-même, en est pourvu. (D. C. ch., art. 1ᵉʳ.)

Obs. N'est-ce pas aller trop loin ? Ne faudrait-il pas au moins établir la volonté (V. *Involontaire*) de la part du traqueur ? (V. Q. q. 3ᵉ série, p. 19. — Conf. trib. Limoges, 20 janv. 1886. — Contr. Cour Limoges, 11 février 1886.)

BÉCASSE. — L. 1844, art. 9. — La bécasse est considérée comme un oiseau de passage. (Circ. min. 30 janv. 1874.)

BÉCASSINE. V. *Cours d'eau.* — La bécassine est considérée à la fois comme oiseau de passage et comme gibier d'eau. (D. J. G. *Chasse*, 192.)

2.

BEC-FIGUE. — L. 1844, art. 9. — Le bec-figue est considéré comme un oiseau de passage. (Même circulaire.)

BELETTE. — L. 1844, art. 9. — Animal malfaisant et nuisible.

BERGER. — (Circ. min. int. 22 juillet 1851, § 52.) — Les bergers qui sont en même temps colons partiaires, en ce sens qu'ils partagent avec le propriétaire le produit du croît des troupeaux, ont le droit, pour la défense de ces troupeaux, de détruire les animaux malfaisants ou nuisibles, et principalement de repousser les bêtes fauves avec des armes à feu. (D. C. ch., art. 9, n° 309.)

BERGERONNETTE. — N'est pas un oiseau de passage. (Nîmes, 5 janv. 1860.)

BÊTES fauves, bêtes noires, bêtes rousses. Art. 9, § 3, 1884. V. *Négligence*. V. aussi *Corbeau*.

Le législateur ne charge pas les préfets de déclarer quels sont les animaux qui rentrent dans la classe des bêtes fauves. Cette classification est de la compétence des tribunaux. (D. J. G. *Chasse*, 193.)

En vénerie :

Bêtes fauves : Cerfs, daims, chevreuils, chamois.

Bêtes noires : Sangliers.

Bêtes rousses : Loups, renards, blaireaux, fouines, putois, martres.

En droit :

D'après la majorité des auteurs, à cette énumération, il faut ajouter tous les animaux sauvages, quadrupèdes ou volatiles, qui sont susceptibles de porter à la propriété un dommage sérieux ; tels peuvent être, suivant les circonstances, la belette, le chat sauvage, l'hermine, le furet à l'état sauvage, le lapin, le lièvre, la pie, le cygne sauvage, le pigeon ramier, le moineau. (D. C. ch., nᵒˢ 397 et suiv.)

En tout cas, si la destruction a eu lieu en dehors des conditions prévues par les arrêtés préfectoraux, c'est au prévenu à prouver qu'il y avait préjudice à empêcher.

BETTERAVE. — L. 1844, art. 11 et 26. — Un champ de betteraves peut-il être considéré comme une terre dépouillée de ses fruits? (Négative soutenue par Leblond, lorsque la culture est faite en vue des fabriques de sucre; affirmative soutenue par Neyremand.)

Je pencherais pour l'affirmative, à moins d'abus de la part des chasseurs.

BIENFAISANCE (établissement de). V. *Saisi* (gibier).

BIEN-FONDS. V. *Terrain* d'autrui.

BIENS. V. *Terrain* non dépouillé de ses fruits. V. *Couronne.*

BILATÉRAL. V. *Acte.*

BISET. V. *Pigeon.*

BLAIREAU. V. *Bête.* V. *Négligence.*

BLÉ. — L. 1844, 11 et 26; C. pénal, art. 471, 13°. V. *Couvert.* — Dans le cas où les terres ne sont pas dépouillées de leurs récoltes, il peut y avoir lieu à la double amende et à la poursuite d'office par le ministère public; mais par terre non dépouillée, il faut entendre une terre dont la récolte est suffisamment avancée pour que le passage des chasseurs cause un préjudice.

Leblond cite ce passage de la discussion à la Chambre des pairs, M. Franck-Carré répondant à M. de Coigny : « Il ne suffit pas que la terre soit ensemencée; ces expressions, — et non encore dépouillées de leurs fruits, — supposent qu'il y a déjà des fruits, par exemple, que le blé est en tuyau. »

Quant au passage sur les terres préparées ou ensemencées, si l'on n'a pas le droit d'y passer, il y a une contravention prévue par l'art. 471, 13°, du Code pénal.

BLESSÉ (gibier). V. *Achever*.

BOIS. V. *Louvetier*, *Forêt* et *Fougère*.

BOIS TAILLIS. V. *Incendie*.

BONNE FOI. V. *Contravention*, *Intention*. — En matière de chasse, la bonne foi du délinquant ne suffit pas pour le mettre à l'abri des condamnations qu'il a encourues s'il a librement et volontairement coopéré à l'acte de chasse. (Cass., 12 juin 1886.)

BORD (rive). V. *Canal*.

BORNAGE. V. *Borne*. — C. civ., 646; C. proc., 3, 38; Cod. pén., 456; Cod. for., 8, 14. — Tout propriétaire peut obliger son voisin au bornage, à frais communs.

Le déplacement des bornes ou leur suppression est puni d'un mois à un an de prison, sans compter l'amende.

BOTTE. V. *Chasse* à courre (limier).

BOURSE. V. *Furets*. — L. 1844, art. 9. — L'emploi des bourses et des furets n'est autorisé que pour prendre des lapins.

BOUTON. V. *Invité*.

BRACONNAGE. *Braconnier.* V. *Collet.* — Braconner, c'est chasser sans permis de chasse, ou sur le terrain d'autrui sans autorisation, ou à l'aide d'engins prohibés, ou après la fermeture de la chasse, ou bien encore la nuit.

Obs. Les véritables complices des braconniers sont les *consommateurs* de gibier en temps prohibé. Les tribunaux sont malheureusement d'une faiblesse regrettable vis-à-vis de ces derniers et ne veulent pas user contre eux de l'art. 4 de la loi de 1844 qui défend cependant d'*acheter* du gibier en temps prohibé.

Il serait inutile de chercher de nouvelles lois sur la chasse si la loi actuellement en vigueur était appliquée sévèrement. (V. Q. q. 1, 2, 3, 4es séries.)

Les différents modes de braconnage sont expliqués aux mots *Permis de chasse, Terrain d'autrui, Engins prohibés,* etc.

BRANDON (défense, écriteau). — Piquet servant à indiquer les chasses gardées. L'emploi n'en est pas obligatoire : c'est aux voisins à connaître leurs limites. On ne peut brandonner que sur ses propres terres.

BRÈCHE. V. *Barrière.*

BRICOLE. — Constitue un vol le fait de retirer d'une bricole placée par une autre personne, un lièvre mort, avec l'intention de se l'approprier. (C. cass. de Belgique, 2 juillet 1888.)

Obs. Dans le cas où le gibier a été pris au moyen d'engins prohibés, la question de savoir si la propriété du gibier est acquise par le droit d'occupation est controversée, et beaucoup d'auteurs sont pour la négative.

Je me rangerais plus volontiers du côté de la Cour de cassation de Belgique, qui n'a en vue que l'acte d'occupation lui-même, sans se préoccuper des suites pénales de cet acte s'il est délictueux comme fait de chasse.

BRIS. V. *Scellé.*

BRUYÈRE. V. *Fougère.*

BUISSON. V. *Louvetier.*

BUSARD, buse. — (L. 1844, art. 9, § 3.) — Oiseaux pouvant être classés par les préfets comme animaux malfaisants ou nuisibles.

BUT scientifique. — Un but *scientifique* ne serait pas de nature à dépouiller le fait de chasse de tout caractère délictueux. (Giraudeau, n° 63.)

Mais le transport des oiseaux rares tués en France ou venant de l'étranger et envoyés aux cabinets d'histoire naturelle doit pouvoir s'effectuer sans difficulté, quand il n'existe aucun doute sur leur destination. (Circ. min. int. 22 juillet 1851.)

C

CABANE. V. *Hutte* et *Habitation.*

CABINET d'histoire naturelle. V. *But scientifique.*

CAGE. V. *Chanterelle.*

CAILLE. — L. 1844, art. 9. — La caille ne peut pas être chassée autrement que le gibier ordinaire, bien que ce soit un oiseau de passage.

CALOMNIATEUR. V. *Acquittement.*

CANAL. V. *Chemins de halage.*

Les adjudicataires du droit de pêche dans les

rivières navigables et flottables et dans les canaux et rivières canalisées appartenant à l'État ont le droit, après s'être munis de permis de chasse, de chasser les canards et autres oiseaux aquatiques dans l'étendue de leur cantonnement.

Ce droit, qui s'applique exclusivement à la chasse du gibier d'eau, ne pourra, d'ailleurs, s'exercer sur les chemins de halage et francs-bords qui n'appartiennent pas à l'État, qu'avec l'assentiment des propriétaires riverains.(Cahier de charges, 15 nov. 1875, art. 15, *Pêche fluviale*.) — V. aussi C. de Caen, 23 févr. 1876.

Quant aux fleuves et rivières navigables ou flottables appartenant à l'État, si la chasse n'a pas été louée, peut-on y chasser sans l'autorisation de l'État (représenté par les Ponts et chaussées, décret du 29 avril 1862)? La question est controversée comme pour les routes et chemins publics. (V. le mot *Chemin*.)

CANARD. — L. 1844, art. 9 et 11, 3°. — Gibier d'eau, dont la chasse est permise pendant le temps spécialement déterminé par le préfet : elle peut être interdite en temps de neige.

Les propriétaires de lacs et d'étangs sont soumis à la loi commune pour la chasse des oiseaux d'eau.

Les contraventions sont punies par le § 3, art. 11, loi 1844.

N. B. — Il n'est parlé ici que des étangs d'eau douce, la loi de 1844 ne me paraissant pas applicable aux étendues d'eau salée. (V. *Alouette de mer*. V. *Canal*. V. *Hutte*.)

CANTONNEMENT. V. *Manœuvres (grandes)*.

CAPACITÉ (femme, permis de chasse). V. *Permis de chasse*.

CAPITAINERIE (des chasses). C'était autrefois l'étendue de la juridiction d'un capitaine des chasses. (V. *Dict.* Trousset.)

CAPTIF (oiseaux de volière). V. *Volière*. — L. 1844, art. 1. — L'oiseleur qui cherche la capture des oiseaux de chant ou de plaisir, appelés aussi oiseaux de volière, doit être muni d'un permis de chasse. (V. Berriat, Giraudeau.)

Quant au transport de ces oiseaux en temps prohibé, V. *Volière*.

CARNIVORE (aquatique). — Ces animaux, la loutre, par exemple, doivent être considérés comme un gibier d'eau et ne peuvent donc être chassés en temps prohibé ni sans permis de chasse. (Colmar, 5 juin 1860.)

CAS FORTUIT. V. *Imprévu*.

CASIER (judiciaire). — Circ. min. just., 6 nov. 1850. V. *Permis*. — Le préfet peut refuser le permis de chasse :

1° .....

2° A tout individu qui, par une condamnation judiciaire, a été privé de l'un ou de plusieurs des droits énumérés dans l'art. 42 du Code pénal, autres que le droit de port d'armes (droits de vote, d'éligibilité, juré, tuteur, etc.).

3° A tout condamné à un emprisonnement de plus de six mois pour rébellion, etc.

4° A tout condamné pour délit d'association illicite, menaces, etc.

5° A ceux qui auront été condamnés pour vaga-

bondage, mendicité. vol, escroquerie ou abus de confiance. (L. 1844, art. 6.)

CASSATION. — L. du 2 juin 1862, 28 juin 1877.
V. *Cour de cassation*. — Annulation d'un jugement ou
d'un arrêt rendu en dernier ressort, lorsque la loi a
été violée ou faussement appliquée. (Dict. C.)

Délai du pourvoi au civil, deux mois; au criminel,
trois jours.

CAUTION. V. *Référé*.

CÉRÉALE. V. *Blé*.

CERF. V. *Bête fauve, Curée, Négligence*.

CERTIFICAT de vie (rente viagère, pension). —
Décr. 9 nov. 1853, art. 46. — L. 20 juillet 1886. —
Sont délivrés par les notaires, moyennant rétribution
variant suivant les cas.

Ils sont délivrés gratuitement par les maires lorsqu'il s'agit des caisses de retraite pour la vieillesse.

CESSION du droit de chasse. V. aussi *Incessible*. —
Le droit de chasse étant un attribut de la propriété,
il s'ensuit que, en principe, le propriétaire peut, soit
l'exercer lui-même, soit en disposer au profit d'autrui. (D. C. ch., art. 1.)

La cession est temporaire, soit à titre gratuit, soit
à titre onéreux (notamment par bail ou location).

Quant à la cession perpétuelle, sans entrer dans
une discussion qui sortirait de notre cadre, on peut
dire en principe que si les servitudes *réelles* (en faveur
d'un autre fonds) peuvent être admises, il n'en est
pas de même des servitudes *personnelles*, contraires à
l'art. 686 du C. civ. — V. le mot *Location*.

Forêts de l'État. — Cahier des charges, 6 oct. 1880,

art. 13. Les adjudicataires ne pourront céder leur bail qu'en vertu d'une autorisation du chef de l'Administration des forêts. V. *Société*.

CHAMOIS. V. *Bêtes fauves*.

CHAMP. V. *Blé*.

CHAMPÊTRE. V. *Garde*.

CHANTERELLE. V. *Appelant*. — On désigne sous le nom d'appelants ou chanterelles les oiseaux, notamment des perdrix, que l'on place en cage dans la campagne, afin d'attirer par leurs cris les oiseaux de leur espèce. (D. J. G., 293.)

CHANTEUR (oiseau). V. *Captif*.

CHAPERON. V. *Chasse* (fauconnerie).

CHARNAIGRE, vulgairement Charnigue. V. *Chien lévrier*.

CHARRETTE. L. 1844, art. 1. — La charrette, le chariot, la voiture, le cheval, etc., n'étant pas compris dans les modes ou moyens de chasse à tir autorisés par la loi, l'exercice de cette chasse à l'aide de l'un de ces moyens n'est pas licite, à mon avis, du moins.

CHASSE (définition). — La chasse est l'acte qui consiste à rechercher, poursuivre *et* prendre (ou tenter de prendre) le gibier.

Tel est l'avis de la plupart des cours et tribunaux.

Mais, suivant la Cour de cassation, il faut remplacer la conjonction *et* par la conjonction *ou*, de sorte que la recherche, la poursuite, la capture du gibier sont, étant pris isolément, chacun un fait de chasse.

Par suite, dresser un chien, c'est chasser.

Ce désaccord entre la Cour suprême et la majorité

des cours d'appel est la cause principale des variations qui modifient journellement la jurisprudence de
la chasse. (V. Q. q., 1re série. V. *Chien*.)

CHASSE. (*Lois actuelles*.) V. le texte de la loi de
1844, au commencement du Dictionnaire.

Loi du 3 mai 1844 (actuellement en vigueur).

Ordonn. du 5 mai 1845 (gratifications aux gardes).

Ordonn. du 20 juin 1845 (forêts domaniales).

Décret du 4 août 1852 (modifiant l'art. 3 de l'ordonn.
de 1845).

Décret du 13 septembre 1870 (suspension de l'exercice de la chasse).

Loi du 9 août 1871 (abrogeant la précédente). —
23 août 1871 (permis à 40 francs).

Loi du 20 décembre 1872 (permis à 25 francs).

Loi du 22 janv. 1874 (modifie les art. 3 et 9 de
1844).

Loi du 2 juin 1875, art. 6 (permis à 28 francs).

— *Les biens de l'État*. V. le *Code forestier*.

— *Louveterie* :

1° Organisation de la louveterie (ordonn. 20 août
1814, promulguée le 18 août 1832).

2° Battues, chasses collectives et chasses individuelles (19 pluv. an V).

3° Pouvoirs de police rurale (5 avril 1884).

4° Primes (animaux nuisibles), 28 sept. — 6 oct.
1791.

5° Loups (3 août 1882).

CHASSE (conditions), à courre, à tir, à cor et à
cri. (V. aussi *Armes, Équipage*.)

Cinq conditions :

Il faut : 1° que la chasse soit ouverte ;

2° Avoir un permis;

3° Être autorisé par le propriétaire;

4° Chasser de jour;

5° Se servir des modes, engins et moyens autorisés par la loi.

Il n'existe plus que deux manières de chasser : *à tir* ou *à courre* (sauf quelques exceptions spécialement déterminées par les préfets).

Quant à la chasse à l'oiseau de proie (fauconnerie), elle n'est plus autorisée depuis 1844.

N. B. Depuis la loi du 22 janv. 1874, les ouvertures et les clôtures de la chasse à tir et de la chasse à courre sont indépendantes les unes des autres.

Enfin, il ne faut pas confondre la chasse avec la *destruction* des animaux malfaisants. (V. aux mots *Destruction, Animal, Loup.*)

CHASSEUR. V. aussi *Permis de chasse, Domicile.*

Le désaccord qui existe entre la Cour de cassation et un grand nombre de tribunaux (V. le mot *Chasse*) rend difficile l'exposé de la jurisprudence sur les faits qui constituent l'acte de chasse, puisque pour les uns il suffit de l'un des faits (recherche, poursuite *ou* prise de gibier) pour qu'il y ait acte de chasse, tandis que les autres veulent la réunion des trois faits (avis que j'ai toujours partagé).

Aux différents mots traitant la question seront données les explications sur les modes et moyens de chasse.

Ici, il suffit d'examiner quelle est l'*attitude* de chasse qui peut entraîner ou non une condamnation.

« Il appartient aux tribunaux (dit Dalloz, C. ch., art. 1ᵉʳ) d'apprécier les caractères de l'attitude de chasse ; mais elle n'est susceptible d'entraîner une condamnation qu'autant qu'elle constitue un fait positif de chasse. » (Giraudeau, n° 80. — Conf. Angers, 2 févr. 1880.)

Quelques exemples montreront la difficulté pour les juges de se faire une conviction.

Être trouvé sur un terrain propre à la chasse, armé et dans l'attitude d'un chasseur, c'est un délit de chasse. Cela ne paraît pas discutable, et ce fut l'avis de la Cour de Paris qui infirma le 26 janv. 1866 le jugement suivant prononcé par le tribunal de Nogent-le-Retrou, lequel était ainsi conçu :

« Que si le fait de la présence du chasseur en attitude de chasse sur le terrain d'autrui établit contre lui une présomption légale de culpabilité, cette présomption disparaît lorsqu'il résulte de tous les éléments de la cause que le chasseur n'avait pas l'intention de chasser sur le terrain d'autrui, n'y chassait pas réellement, et ne s'était placé sur la lisière de ce terrain que pour se cacher et attendre ainsi plus sûrement le gibier qu'on lui amenait et qu'il tirait sur les terres où il avait droit de chasse. »

Autre exemple : Tirer sur un gibier qui se trouve sur un fonds lui appartenant, le chasseur étant sur le terrain d'autrui, c'est encore un délit de chasse. (Même arrêt, Paris.)

Giraudeau (n° 228) est d'un avis contraire.

Obs. : A mon avis, c'est une question de fait pour chaque affaire, et c'est au tribunal d'apprécier.

Si l'on admettait en règle générale la thèse de la Cour de Paris, la chasse en battues deviendrait, pour ainsi dire, impossible sur beaucoup de territoires.

Dans les plaines de Brie ou de la Beauce traversées par les routes nationales ou départementales, les seuls abris pour les chasseurs, la plupart du temps, ce sont les tas de cailloux qui se trouvent sur la route. Si un arrêté du préfet ou du maire (L. du 5 avril 1884, art. 91 et 99) défend l'usage des armes à feu sur les routes, les chasseurs commettent un délit, ou au moins une contravention, tandis que s'ils se cachent dans les fossés séparant des bois de particuliers de bois domaniaux (aujourd'hui de l'État), ils sont dans leur droit, ces fossés appartenant aux particuliers. (Cass., 12 août 1851, sur la question de propriété des fossés.)

C'est donc une question d'appréciation pour les juges.

— Poursuivre des perdreaux à la course, dans le but de s'en emparer, c'est un délit de chasse. (Aix, 26 août 1819.)

— Chercher à surprendre le gibier au gîte et s'en emparer (V. le mot *Gîte*), c'est encore un délit de chasse.

Se placer à l'affût, c'est un fait de chasse.

Mais être rencontré en costume et avec l'attirail du chasseur, ce n'est pas suffisant pour établir un fait de chasse. (V. le mot *Costume*.)

« Le simple fait de porter un fusil en traversant une forêt ne constitue pas un acte de chasse et ne prouve pas que le prévenu avait l'intention de chasser, surtout si le port de cette arme peut être considéré comme une mesure de précaution contre les bêtes sauvages que l'on rencontre souvent dans les montagnes. » (Grenoble, 11 mars 1881.)

Ces quelques exemples suffisent pour montrer qu'il n'est pas possible de définir d'une manière générale ce qu'il faut entendre par l'attitude du chasseur, et que c'est aux juges à décider suivant les faits.

CHAT. L. 1844, art. 9. — Parmi les animaux malfaisants ou nuisibles, Dalloz comprend le *chat sauvage*. — Le chat sauvage est un animal assez rare dans nos pays. Par chat sauvage, à mon avis, il faut entendre le chat devenu sauvage, c'est-à-dire ayant perdu ses droits d'animal domestique en s'écartant de la maison du maître.

La question est controversée. (V. Q. q. 4ᵉ série, et, dans mon sens, just. de paix, Saint-Georges, 26 mai 1887.)

CHAT-HUANT. — Il est classé parmi les animaux malfaisants et nuisibles, ce qui, suivant beaucoup de cultivateurs, est une erreur, cet oiseau se nourrissant principalement de mulots.

CHAUME. — Terre dépouillée de sa récolte. V. *Blé*.

CHAUSSE-TRAPE. V. *Pièges*.

CHEMIN.

Chemin public. — En principe, on peut chasser sans autorisation sur les routes et chemins publics, puisque l'usage en appartient à tout le monde. (D. C. ch., art. 1, nᵒ 896.)

Obs. : L'usage des routes publiques appartient à tout le monde au point de vue de la circulation, mais au point de vue de la chasse ou autres droits, la question me semble discutable, et, du reste, elle est controversée.

En tout cas, au point de vue de la sûreté et de la tranquillité publiques, les préfets et les maires peuvent toujours prendre des arrêtés défendant l'usage des armes à feu sur les routes et chemins publics, conformément à la loi du 5 avril 1884, art. 91, 98, 99.

Chemin traversant ou bordant les bois particuliers. — S'ils appartiennent aux propriétaires de ces bois (dit Giraudeau, n° 254), on ne peut y chasser sans l'autorisation desdits propriétaires.

CHEMIN de halage. V. *Canal*.

CHEMIN DE FER. — Un chemin de fer n'est pas un terrain clos attenant à une habitation, mais celui qui, sans autorisation de la Compagnie, y chasserait commettrait un délit de chasse, notamment l'adjudicataire de la coupe des herbes. (Trib. de Melun, 19 décembre 1885, Q. q. 3ᵉ série p. 31.)

CHEPTEL. V. *Berger*.

CHEVAL. V. *Charrette*.

CHEVREUIL. V. *Bête fauve*.

CHEVROTINE. — Il est à remarquer qu'aucune loi ne détermine aujourd'hui la nature des projectiles susceptibles d'être employés à la chasse. (D. C. ch., 9.)

Quant à la *grenaille de fer*, Dalloz et nombreux auteurs soutiennent que les lois du 4 août 1789 et 28 avril 1790 ayant abrogé l'arrêt du Conseil du 4 septembre 1731 qui interdisait l'emploi de ce genre de projectiles, l'usage de la grenaille de fer est autorisé actuellement : Houël et Perreve sont d'un avis contraire.

CHIEN d'arrêt. — V. *Chasse* (définition). L. 1844, 1, 9; — C. for., 199. — Décret du 22 juin 1882, 52 et 53. — En présence du désaccord de la Cour de cassation avec la plupart des cours d'appel et des tribunaux, il est difficile d'établir une règle stable sur les délits commis par l'emploi des chiens de chasse.

Chiens d'arrêt. — Un exemple suffira pour indiquer la difficulté.

Cour de Douai, 28 décembre 1852.

L'individu qui fait quêter un chien d'arrêt pour l'exercer et éveiller son instinct ne fait pas acte de chasse; cette manœuvre n'est pas un fait de destruction ni de poursuite du gibier.

Cour de cassation, 17 février 1853.

Fait acte de chasse et est coupable du délit de chasse en temps prohibé l'individu qui, même sans arme, fait quêter son chien dans un champ de luzerne, avant l'ouverture de la chasse. Et il en est ainsi bien que cette manœuvre ait pour but, non de poursuivre et de capturer actuellement le gibier, mais d'y exercer le chien et de le préparer, en éveillant son instinct, à entrer plus fructueusement en chasse les jours suivants. (Cet arrêt cassait le précédent : c'était donc bien la même espèce.)

Obs. : Dans mes séries de quelques questions de chasse, j'ai toujours combattu le système soutenu par la Cour de cassation, et je n'ai fait que suivre l'avis du plus grand nombre des auteurs.

Adopter la jurisprudence de la Cour de cassation, c'est supprimer le *dressage* des chiens d'arrêt.

Mais faire quêter son chien ou ne pas le rappeler, lorsqu'il quête chez le voisin, tandis que le chasseur, restant sur son propre terrain, attend, le fusil armé, le résultat de la quête, cet acte est un délit de chasse, de même que tirer une pièce de gibier sur la terre du voisin, tout en restant sur son propre terrain. (Cour cass., 17 juillet 1884.) (V. toutefois le mot *Chasseur*.)

CHIENS COURANTS. — Même désaccord sur la question du dressage. (V. l'arrêt ci-dessous.)

Chasse à tir. — Quant au *droit de suite*, voyez ce mot.

Chasse à courre. — Autre exemple de désaccord dans la jurisprudence :

Bourges, 9 juin 1877. — La quête à trait de limier, n'ayant point pour objet et n'étant pas capable de procurer à elle seule la prise du gibier, ne constitue pas un acte de chasse.

Cour de cassation, 4 janv. 1878. — La quête du gibier à trait de limier, aussi bien que la quête par les chiens courants, constitue, par elle seule et indépendamment de toute poursuite ultérieure du gibier, un acte de chasse. Elle est non pas un simple acte préparatoire, mais l'acte initial et le début de la chasse. (Cet arrêt casse le précédent.)

Obs. : Ainsi le garde, avec son limier qui est parfaitement muet et est muni de la *botte*, fait le bois au petit jour.

Il revient au rapport ; à ce moment, le maître, pour une raison ou pour une autre, modifie ses projets, et la chasse est décommandée.

Et ce garde a fait un acte initial de chasse !...

Que dit l'Administration forestière?

« ..... Le fait par les piqueurs d'aller en reconnaissance avec leurs limiers en dehors des jours indiqués pour l'exercice de la chasse à courre ne sera pas réputé acte de chasse. Toutefois, ces piqueurs ne pourront pénétrer dans les enceintes... » (Cahier des charges pour l'adjudication du droit de chasse dans les forêts de l'État, 6 oct. 1880.)

— Pour le *droit de suite*, voyez ce mot.

CHIENS DE LUXE ET DE FANTAISIE. — Ces chiens, qui devraient toujours être tenus en laisse dans les villes (si les arrêtés étaient pris en conséquence), — malgré l'admirable découverte de M. Pasteur, la rage n'en reste pas moins un danger à éviter, — ces chiens, dis-je, comme les autres, du reste, peuvent donner lieu à une action en dommages-intérêts, s'ils sont trouvés divaguant dans les forêts. (C. for., art. 199.)

CHIENS DIVAGUANT. — En principe, on n'a pas le droit de tuer le chien d'autrui (C. p. 479, § 1) : c'est un animal domestique.

Mais si le chien n'est pas suffisamment surveillé, qu'il prenne des *habitudes* de vagabondage, sans cependant perdre complètement l'esprit de retour chez son maître, si ce dernier a été dûment averti, le jugement du tribunal correctionnel de Dreux (17 mai 1881) est parfaitement admissible.

« Tout propriétaire (ou son garde particulier) a le droit de tuer les chiens qui viennent chasser dans ses bois même non clos et causent ainsi un dommage actuel à sa propriété, alors d'ailleurs que leur maître n'a pas tenu compte des avertissements qui lui avaient été donnés antérieurement, ainsi que des procès-verbaux rédigés contre lui qui avaient été suivis de transaction. »

Dans le cas où le chien chasse seul, il est vrai que le maître absent ne commet pas un délit de chasse, mais il contrevient à l'arrêté du préfet, si ce dernier a pris un arrêté contre les chiens qui divaguent (ce que devraient faire tous les préfets). (Cour de cassation, 13 juin 1884; 5 août 1887.)

Décret du 22 juin 1882, art. 53 :

« L'infraction à l'arrêté préfectoral qui oblige les propriétaires à veiller à ce que leurs chiens n'errent pas, tombe sous l'application des articles 9 et 11 de la loi de 1884.(V. Q. q. 4ᵉ série.)

CHIENS ERRANTS ET SANS MAITRE. — Ceux-là rentrent dans la catégorie des animaux dangereux, et en les détruisant, on se trouve en cas de légitime défense, surtout s'ils ont une attitude menaçante.

Dans le cas où ces chiens se laissent prendre, ils sont envoyés en fourrière. Le maire désigne un lieu de dépôt pour les animaux non gardés (L. du 4 avril 1889); ils sont immédiatement abattus s'ils n'ont pas de collier; dans les trois jours, s'ils en ont un ; dans les cinq jours si ce sont des chiens courants ayant collier ou portant la marque de leur maître. (Décret du 22 juin 1882, art. 52.)

CHIENS LÉVRIERS. — La prohibition (art. 9) de chasser au lévrier s'applique aussi bien aux lévriers croisés ou dérivés qu'aux lévriers pur sang.

Mais elle est étrangère aux races dégénérées. (D. C. ch.)

Obs. : Dans les races croisées ou dégénérées, n'est-il pas utile de rechercher si le produit a les qualités du lévrier, notamment la vitesse?

Ainsi avait jugé le tribunal de Saint-Omer, et, à mon avis, la Cour de Nancy, dans son arrêt du 18 décembre 1844, a eu tort d'infirmer ce jugement sous prétexte que la loi ne faisait aucune distinction.

Telle est aussi l'opinion de Leblond.

Le tribunal de Brignole, dans son jugement du 6 oct. 1888, avait donc raison en condamnant l'emploi du *charnaigre* (vulgairement *charnigue*), ce croisé de lévrier et de griffon ayant peut-être un peu moins de vitesse que le lévrier pur, mais ayant, en compensation, plus de nez.

CHIENS (taxe). — La taxe est due pour les chiens possédés au 1er janvier, à l'exception de ceux qui, à cette époque, sont encore nourris par la mère.

— La taxe est due pour l'année entière. (Art. 2, Décret du 3 août 1855.)

La déclaration doit être faite du 1er oct. au 15 janv. (Art. 5, même décret.)

CHOSE jugée (C. civ., 1350, 1351. — C. instr. crim., 360). C'est ce qui a été décidé par un jugement rendu en dernier ressort, ou devenu inattaquable par l'expiration des délais pendant lesquels un recours était possible. (Dict. C.)

CIGOGNE. (Art. 9, L. 1844. — Circ. min. 30 janv. 1874.) — Est considéré comme oiseau de passage et comme gibier d'eau.

CIRCULATION des grains. V. *Permis.*

CIRCONSTANCES atténuantes (L. 1844, art. 20,

C. pén., 463). — Les circonstances atténuantes ne sont pas applicables aux délits de chasse, l'art. 20 de la loi de 1844 est formel.

Cependant des auteurs pensent que l'art. 463 (C. pén.) est applicable aux règlements de la louveterie (Puton, 29, 30). Leblond est d'un avis contraire. (C. de chasse, 495.)

Obs. : « La loi de 1832 ayant introduit les circonstances atténuantes dans le Code pénal et ayant déclaré qu'elles étaient applicables en cas de contravention (art. 483), le contrevenant qui, suivant la jurisprudence actuelle, n'a pas le droit de plaider *non coupable*, peut cependant demander l'indulgence; ce qui se comprend encore en cas de culpabilité; mais si réellement le prévenu est de bonne foi, la situation se complique, et il serait curieux de voir un innocent demander l'atténuation pour une faute qu'il déclarerait n'avoir pas commise. » (V. mon étude sur la bonne foi dans les contraventions, p. 16.)

Les contrevenants ont donc au moins la consolation de pouvoir obtenir les circonstances atténuantes, tandis que depuis la création du *délit-contravention* (V. le mot *Contravention*), ceux qui commettent des délits de chasse ne peuvent ni profiter de l'art. 463, puisque la loi de 1844 est formelle, ni invoquer leur bonne foi, puisque les délits sont assimilés aux contraventions.

Si cette jurisprudence n'était que sévère, on pourrait s'incliner sans essayer de la combattre, mais elle est antijuridique; aucun texte de loi dans nos Codes ne justifie cette dérogation au principe fondamental du droit pénal :

« Point de délit sans l'intention ou la volonté de le commettre », disait M. de Pastoret.

CIRCONSTANCES aggravantes. (L. 1844, art. 11, 12, 13, 14.) V. *Maximum*.

Les peines portées par ces articles pourront être doublées (et même portées au maximum, suivant les cas), lorsqu'au délit prévu par ces articles se trouvera ajoutée une des circonstances aggravantes énumérées ci-après :

Art. 11. — Terrain non dépouillé de ses fruits.

— Terrain clos non attenant à une habitation.

Art. 12. — Chasse de nuit sur le terrain d'autrui, avec engins prohibés et avec armes.

— Délits de chasse commis par des gardes.

Art. 13. — Chasse de nuit sur un terrain clos attenant à une habitation.

Art. 14. — Récidive.

Déguisement ou masque.

Faux nom.

Violences, menaces.

CIRCULAIRES (droit administratif). — Comme l'a très bien dit M. Batbie, « en administration, les instructions et circulaires sont obligatoires pour les agents; en droit administratif, elles n'ont qu'une valeur doctrinale à l'égard des tiers ». (Dict. C.)

CIRCULATION du gibier. V. *Trappes*.

CITATION. V. *Ajournement*.

CITOYEN. V. *Garde champêtre*.

CIVILE. V. *Action*.

CLAIE. — On a critiqué l'emploi, dans les battues, des claies ou autres abris permettant aux chasseurs de se cacher lorsque les plaines sont découvertes.

Je ne pense pas que l'on puisse cependant assimiler ces abris *immobiles* aux procédés répréhensibles consistant à se cacher dans une voiture en marche ou encore, comme dans certains pays, à se revêtir d'une peau d'animal[1] et à se mêler ensuite à un troupeau pour pouvoir approcher du gibier qui est sans méfiance.

Que, dans une battue, le chasseur se place à l'affût derrière une claie ou derrière un silo de betteraves, le gibier connaît le danger et se méfiera peut-être plus de la claie (si les gardes ne l'ont pas placée d'avance) que du silo de betteraves qu'il est habitué à voir depuis quelques jours.

CLAIRE-VOIE. V. *Barrière.*

CLAPIER (lapins de). — C. pén., 379. — S'approprier des animaux domestiques ou sédentaires que l'on a tués sans droit, c'est commettre un vol... par exemple des lapins de clapier. (D. C. ch. 1.)

CLASSIFICATION. — La Cour de cassation par son arrêt du 23 mai 1888 donne aux préfets le droit de prendre des arrêtés à l'effet de déterminer la nomenclature des oiseaux au point de vue de la réglementation de la chasse du gibier de passage.

Par suite, l'arrêté préfectoral qui classe nominativement le vanneau dans la catégorie des oiseaux de

---

[1] Parmi les ruses que l'homme a imaginées pour tromper la vigilance continuelle que les animaux sauvages opposent à ses embûches, une des plus anciennement connues est d'avancer vers eux en leur présentant le simulacre d'une vache, animal dont la vue leur est familière, et qu'ils sont habitués à voir autour d'eux, à toutes les heures du jour, sans en recevoir aucun dommage.

(*La chasse au fusil*, par Magne de Marolles, 1788.)

passage, et qui l'exclut, par la même, de la classe des oiseaux d'eau pouvant être chassés même en temps de neige, est valable et obligatoire.

« Ces solutions, dit Dalloz (J. G. 1889, 2ᵉ partie, p. 61), sont contraires à la jurisprudence de la Cour de cassation antérieure à la loi du 22 janvier 1874, qui décide que les préfets ne sont pas appelés, pour la réglementation de la chasse du gibier d'eau, à déterminer les différentes espèces sur lesquelles elle peut s'exercer, et que, dans le cas où un arrêté préfectoral désigne les espèces de gibier d'eau qui doivent bénéficier de l'ouverture spéciale à cette nature de gibier, il appartient aux tribunaux de ne pas tenir compte de cette nomenclature » (Cass., 22 février 1868.)

Cette jurisprudence conserve toute sa force sous l'empire de la loi de 1874, qui ne donne aux préfets que le droit de déterminer la nomenclature des oiseaux de passage, mais qui n'apporte aucune modification à la législation antérieure en ce qui concerne le gibier d'eau. (J. G. supplément, vᵒ *Chasse*, nᵒ 684.) Tous les auteurs s'accordent à faire figurer le vanneau dans la liste des oiseaux d'eau. (Giraudeau, Lelièvre et Sandove, etc.)

Obs. — Les circulaires ministérielles (Intérieur) des 22 juillet 1851 et 9 juillet 1861 décident que lorsqu'il s'agit d'un gibier d'eau qui, comme la bécassine, est en même temps oiseau de passage, ce gibier doit, sur l'avis du conseil général, être formellement rangé dans cette catégorie par l'arrêté préfectoral.

Or le vanneau est à la fois gibier d'eau et oiseau de passage : « Il arrive en France, dit Bouillet, au commencement de mars et part vers la fin d'octobre. »

La Cour de cassation a donc pu donner raison à l'arrêté préfectoral sans pour cela être en contradiction avec la loi du 22 janvier 1874, ni avec sa propre jurisprudence antérieure.

CLOTURE. V. *Barrière, Entourage, Fermeture de la chasse.* V. *Circonstance aggravante* et aussi *Coupe.*

COAUTEUR. V. *Auteur.*

COIFFÉ. *Forcé, sur ses fins.* V. aussi *Achever.* — 1° *Chasse à tir.* — Un sanglier blessé mortellement par un chasseur, poursuivi et coiffé par la meute de ce dernier qui suivait sa trace au sang, ne saurait appartenir au tiers qui l'achève. Trib. de paix de Mouzon, 7 juillet 1883. — (D. C. ch. 1.)

La question est controversée, nous tombons en effet dans une question de fait. Par cela même qu'un sanglier est coiffé, doit-il être considéré comme mortellement blessé ? Or la vitalité de ces animaux est bien connue, et rien ne prouve que, sans l'aide de la personne tierce, le sanglier aurait été achevé. Le trib. de Chauny incline pour le partage par moitié. (Février 1858. V. Sarel, t. 1, p. 55.)

Il serait peut-être préférable d'ordonner une expertise dans le but de constater si les blessures étaient mortelles.

2° *Chasse à courre.* — A un autre point de vue, si le sanglier n'a pas été tiré, mais chassé à courre, et qu'il tienne tête aux chiens, doit-il être considéré comme *sur ses fins,* et le chasseur a-t-il le droit de suivre sa meute sur le terrain d'autrui ?

De Neyremand et Giraudeau font une distinction :

oui, si c'est un marcassin; non, si c'est un ragot.

Obs. — Cette distinction me paraît discutable. Lorsque le sanglier, marcassin ou grand sanglier, tient tête aux chiens, comment savoir s'il est sur ses fins? Il peut n'être qu'essoufflé et reprendre vent si les piqueurs n'arrivent pas pour le servir, de même qu'il peut être réellement à bout de forces.

La durée de la chasse n'est pas à considérer; car on voit des grands sangliers tenir tête au bout de cinq minutes de chasse.

Quant à la question de savoir s'il en est de même dans le cas où le sanglier est coiffé par les chiens, ce fait se produit rarement dans les chasses actuelles; les meutes ne sont plus composées, comme autrefois, d'énormes chiens qui avaient l'habitude d'attaquer l'animal de chasse; aujourd'hui les chiens moins solides, et par suite plus prudents, se gardent bien d'approcher de trop près le sanglier, surtout si c'est un grand sanglier.

En tout cas, la question est délicate; mais attendre la solution de la lutte, c'est risquer de faire découdre toute sa meute.

Voici cependant un arrêt qui donne à réfléchir : « Il y a délit de chasse sans autorisation du propriétaire, de la part du chasseur qui tue sur la propriété d'autrui un sanglier poursuivi par ses chiens, alors même qu'il serait démontré que la bête était aux abois et dangereuse pour les chiens qui la coiffaient. » — Bourges, 9 juin 1877.

Je préfère cet arrêt de la Cour de Dijon, du 3 mars 1880 :

« L'excuse spécifiée à l'art. 11-2° (*Pourra* ne pas être considéré comme délit de chasse, le passage des chiens courants, etc.) est applicable quand les chiens courants à la poursuite d'un sanglier blessé mortellement sur la propriété de leur maître, ont pénétré dans un bois appartenant à autrui et y ont acculé cette bête fauve, sans qu'il eût été possible de les rompre. »

Reste à examiner si le chasseur, en venant au secours de ses chiens, commet un délit.

Tant que le sanglier tient tête aux chiens, il peut être considéré comme sur ses fins. Le chasseur, grâce à ses chiens, en a acquis la propriété par le droit d'occupation, sauf à perdre ce droit si les chiens abandonnent leur capture. « Or, dit Dalloz, d'après l'opinion la plus accréditée, la chasse finit par la *capture* ou la mort du gibier, et il y a lieu d'assimiler à la capture la blessure mortelle », et réciproquement. En servant le sanglier coiffé, ou qui tient tête aux chiens, le chasseur ne fait donc que mettre fin à un combat dangereux pour ses chiens, alors que la propriété du sanglier lui était du moins provisoirement assurée par le droit d'occupation. Mais, je le répète, la question est controversée.

COLIN. V. *Gibier*.

COLOCATAIRE. V. *Responsabilité*.

COLLET. — C. 1844, art. 12, 16. — Le collet est un *engin prohibé*.

COLLETEUR. (C. instr. crim., 87, 88, 16.) — La différence entre les *engins* prohibés et les *moyens* prohibés, c'est que « la simple détention d'engins prohibés constitue un délit, celle des moyens de chasse prohibés n'est point punissable (D. C. ch. art. 12) », les premiers capturant le gibier par eux-mêmes, les seconds ne servant qu'à l'attirer.

De même les moyens prohibés ne peuvent pas être confisqués, tandis que les engins prohibés sont atteints par la confiscation (art. 16).

Engins prohibés. (V. D. C. 14, 12.) Collets, lacets, filets, panneaux, pantière, gluaux, maisonnettes à lièvres, pots à moineaux, raquettes : sauterelles, trébuchets, traquenards.

Moyens de chasse prohibés : Appeaux, appelants, chanterelles, banderoles.

Quant aux trappes mobiles, question controversée. (V. *Trappes mobiles*.)

Le *miroir* rentre dans la catégorie ordinaire des auxiliaires autorisés tant que la chasse est ouverte.

Un préfet ne pourrait ni défendre l'usage du miroir ni en limiter l'emploi à une durée moindre que celle de la chasse de tout autre gibier. (Dijon, 17 mars 1875.)

C'est l'emploi d'engins, et non leur simple détention, qui constitue un acte de chasse. (D. J. G. *Chasse*, 34.)

La détention et le port d'engins prohibés sont par eux-mêmes constitutifs de délit. (Giraudeau, n. 298.)

Le propriétaire ou son préposé peut sans commettre aucun délit s'emparer d'une pièce de gibier trouvée morte sur son terrain (Rouen, 5 mai 1883), alors même que ce gibier se trouverait pris au collet, mais à la condition que le collet n'ait pas été posé par lui.

Sanction. — Quant à la sanction, si les engins n'ont pas été saisis ou n'ont pas été représentés, le délinquant sera condamné à payer la valeur, fixée au minimum à 50 francs. (Art. 16.) (V. *Cumul.*)

Visites domiciliaires. — Elles ne peuvent être faites que par le juge d'instruction ou un officier public muni d'une commission rogatoire de ce magistrat *lorsqu'il n'y a pas flagrant délit.* (C. instr. crim., 87, 88.)

En cas de *flagrant délit* (lorsque, par exemple, des gardes suivent jusque dans sa demeure le chasseur trouvé muni, hors de son domicile, d'un engin défendu), la perquisition peut être faite par le procureur de la République, les juges de paix, officiers de gendarmerie. Quant aux gendarmes ou gardes, il leur faudrait l'assistance du juge de paix ou du maire. (C. instr. crim., 16.)

Si la perquisition a été faite avec l'autorisation du délinquant en présence du maire, ou par suite d'un mandat régulier délivré dans un autre but, la saisie est valable.

Une question délicate est celle de la saisie sur le chasseur lui-même.

La question est controversée : il serait plus sage de n'admettre cette saisie que lorsque le port des engins est apparent. (V. *Octroi.*)

COLLIER. V. *Chien* (errant).

COLOMBIER. V. *Pigeon.*

COLON (*partiaire*). C. civ., 522, 524, 1763. — Nom donné aux fermiers qui cultivent un fonds sous condition de payer le propriétaire au moyen d'une partie des fruits, souvent la moitié (*meta*), d'où l'expression de *métayer* qui leur est aussi appliquée. (Dict. C.)

COLPORTAGE. V. aussi *Forain, Envoi, Gibier.* —

En principe, le transport du gibier pendant la clôture
de la chasse ne saurait être dépouillé de son caractère
délictueux à raison de la *bonne foi* du transporteur.
(D. C. ch., art. 4, n. 29.)

Obs. — C'est la théorie de la *bonne foi* non admise
dans les contraventions par la jurisprudence actuelle ;
la responsabilité se trouve ainsi étendue à des limites
invraisemblables. (V. mon étude sur la bonne foi
dans les contraventions et le traité de Le Sellyer.
V. aussi le mot *Circonstances atténuantes.*)

COLZA. V. *Blé.*

COMBLER les fossés. V. *Rejet.*

COMMERÇANT. V. *Aubergiste.*

COMMISSAIRE DE POLICE. Peut constater les
délits de chasse. V. aussi *Gardien de la paix.*

COMMISSION. V. *Garde champêtre.*

COMMISSION (militaire). V. *Manœuvres (grandes).*

COMMISSIONNAIRE. V. *Colportage.*

COMMODAT. V. *Prêt.*

COMMODO ET INCOMMODO (enquête DE). —
Enquête administrative ayant pour objet de constater, d'après l'opinion publique, les avantages ou
les inconvénients d'un projet. Elle est confiée à un
fonctionnaire désigné par le préfet ou le sous-préfet,
et doit être annoncée huit jours d'avance. (Dict. C.)

COMMUNAL. V. *Adjudication.*

COMPÉTENCE. V. *Incompétence.* — C'est la mesure
du pouvoir départi par la loi à chaque fonctionnaire
de quelque ordre qu'il soit, législatif, exécutif, administratif ou judiciaire. (Dict. C.)

Sont réservés à la compétence de la chambre civile

de la Cour d'appel les délits de chasse commis par les juges de paix de première instance, du parquet, grands officiers de la Légion d'honneur, archevêques, évêques, généraux de division ou commandant un département, présidents de consistoire, membres de la Cour de cassation, Cour des comptes, d'appel, préfets, officiers de police judiciaire, gardes forestiers (mais non les agents forestiers), gardes champêtres, gardes particuliers, gardes des chemins de fer. Il faut que les gardes particuliers soient dans l'exercice de leurs fonctions, c'est-à-dire qu'ils aient commis le délit sur les terres dont ils ont la garde. (C. instr. crim., 479.) Quant aux maires, la question est controversée. Doivent-ils être considérés comme étant toujours dans l'exercice de leurs fonctions tant qu'ils sont sur le territoire de leur commune? Non, suivant la Cour de Dijon (3 janvier 1872). Oui, suivant les Cours de Nancy et de Metz (20 avril 1857, 14 avril 1869). Je serais pour l'affirmative. (V. q. q. 3ᵉ série, p. 38.)

Les marins et militaires sont jugés pour les délits de chasse par les tribunaux correctionnels. Mais s'il y a eu rébellion, ce dernier délit ressortit de la juridiction des conseils de guerre. (Agen, 11 janvier 1882.)

COMPLAINTE (action en). Pr. civ., 23, 27. V. *Réintégrande*. — Action par laquelle une personne troublée dans la *possession* d'un immeuble demande à la justice de l'y maintenir. (Compétence du juge de paix, Dict. C.)

COMPLICE. — L. 1844, art. 12. — V. aussi *Auteurs*. — Est *complice* du délit de chasse de nuit et à l'aide d'engins prohibés, le loueur de voitures qui loue à plusieurs reprises à un braconnier d'habitude, pour des expéditions nocturnes, des voitures dont il connaissait l'emploi, et qui aidait le preneur non seulement à se livrer au braconnage, mais encore à emporter le gibier capturé ou à se procurer un alibi par une fuite précipitée. (Trib. corr. de Melun, 5 janvier 1881. — Conf. cr. c. 20 janvier 1877, cité par Giraudeau, n° 158. Dict. C. ch., art. 12.)

COMPROMIS. Pr. civ., 1003-1028. — V. *Arbitre*.

CONCILIATION (C. pr., 48-58. Loi du 2 mai 1855, art. 2). V. *Juge de paix*. — Dans les affaires de justice de paix et celles de la compétence du tribunal de première instance susceptibles de transaction, le défendeur doit être appelé en conciliation devant le juge de paix (sauf certaines exceptions).

CONDAMNATIONS. — (Appel.) C. pr. 443-473; 1010, 1023-1025. C. instr. crim., 172-178, 199-216. Lois du 25 mai 1838; 3 mars 1840; 1er juin 1853; 2 mai 1855; 13 juin 1856; 3 mai 1862. — Les appels des jugements de justice de paix (au civil), s'il n'y a pas lieu à l'exécution provisoire, doivent être faits (trois jours après la prononciation du jugement) dans le délai de trente jours, sauf la prolongation de un jour par cinq myriamètres, pour ceux domiciliés en dehors du canton. Pour les jugements de simple police, le délai est dans les dix jours de la signification, et c'est le tribunal correctionnel qui est tribunal d'appel.

En première instance, au civil, le délai d'appel est de deux mois, et c'est la Cour d'appel qui est compétente.

Au correctionnel, le délai est de dix jours à partir du jugement, sauf pour le procureur général qui a deux mois.

Au criminel, devant la cour d'assises, le délai est de trois jours pour se pourvoir en cassation, tandis qu'il est de deux mois dans les affaires civiles.

CONDITION (Menaces sans). V. *Permis de chasse.*

CONFISCATION. — L. 1844, art. 16. — La confiscation des armes ou engins prohibés est la suite nécessaire de la condamnation pour délit de chasse.

Il n'y a pas lieu de confisquer l'arme, lorsque le chasseur est muni d'un permis de chasse et que le délit a eu lieu pendant le temps où la chasse est autorisée.

Dans le cas où les engins n'auraient pas été saisis ou les armes représentées, le délinquant serait condamné à en payer la valeur, dont le minimum ne peut être fixé au-dessous de 50 francs.

Obs. — Cet article aurait un effet beaucoup plus efficace si les agents avaient soin, dans leurs procès-verbaux, de donner la description exacte de l'arme; ce qui ne permettrait pas au délinquant de représenter un de ces fusils connus sous le nom de *fusils de greffe,* fusils sans aucune valeur.

CONFLIT (*d'attributions;* de *juridiction*). C. pr. civ., 363-367. Loi 24 mai 1872, titre IV. Lorsque deux tribunaux ou deux cours se déclarent dans la même affaire compétents ou incompétents, le conflit est porté devant la Cour de cassation : c'est le conflit de juridiction.

Quand le différend s'élève entre l'autorité judiciaire

et l'autorité administrative, c'est le conflit d'attributions qui est réglé par le tribunal des *Conflits*.

CONJOINTEMENT. V. *Solidaire.*

CONJONCTIONS ET, OU. V. *Éléments.*

CONSEIL. (Avocat.) Ord. roy. 20 novembre 1822, 27 août 1830. V. *Assistance judiciaire.* V. *Mémoire.* — Les avocats ne sont ni fonctionnaires, ni officiers ministériels. C'est une profession libre et indépendante que toute personne peut embrasser, à la condition de s'être fait recevoir licencié en droit et d'avoir prêté le serment professionnel devant une Cour d'appel.

L'avocat, dont le ministère *n'est pas obligatoire*, à la différence de l'avoué qui est l'intermédiaire entre les parties et le tribunal ou la Cour, peut refuser les causes qui lui semblent injustes; mais lorsqu'il a été désigné d'office pour assister un accusé que la loi ne laisse jamais sans défense, il doit faire agréer ses motifs d'excuse. (Dict. C.)

Obs. — J'ajouterai que si le licencié en droit qui a prêté serment a le droit de porter le titre d'avocat, il ne peut en exercer la profession ni prendre le titre d'avocat à la Cour d'appel s'il ne fait pas son stage ou si, le stage terminé, il n'est pas inscrit au tableau d'une Cour ou d'un tribunal.

CONSEIL D'ÉTAT. V. *Conseil de préfecture.*

CONSEIL GÉNÉRAL. V. *Ouverture, Classification.*

CONSEIL JUDICIAIRE. V. aussi *Interdit.* — Nom donné au curateur désigné par la justice pour assister une personne qu'elle a déclarée incapable de faire seule certains actes importants de la vie civile.

Cette nomination équivaut à une demi-interdiction. (Dict. C.)

CONSEIL MUNICIPAL. V. *Loups.* (Battues.)

CONSEIL DE PRÉFECTURE. V. *Mémoire.* — Les conseils de préfecture sont le tribunal administratif de premier degré.

On peut se pourvoir en cassation contre les arrêtés contradictoires qu'ils rendent (trois mois de délai).

Ces jugements sont exécutoires par provision, à moins que, dans le cas de pourvoi, le Conseil d'État n'accorde un sursis.

Si le Conseil d'État annule, il peut renvoyer devant le Conseil de préfecture, mais il peut statuer lui-même.

Un ministre ou un préfet ne peut pas réformer un arrêté rendu par un Conseil de préfecture.

CONSENTEMENT. V. *Autorisation.*

CONSERVE. V. *Terrine.*

CONSIGNATION. V. *Offre.*

CONSOMMATEUR. V. *Braconnage.*

CONTAGION. (Rage.) V. *Chien.*

CONTESTATION. — Débat entre particuliers ou entre puissances. (Littré.)

CONTINU. V. *Barrière.* V. *Parc.*

CONTRADICTOIREMENT. — Après avoir entendu les parties.

CONTRAINTE PAR CORPS. V. *Amende.*

CONTRAT. (C. civ., 1101-1386.) Convention par laquelle une ou plusieurs personnes s'obligent envers une ou plusieurs autres à donner, à faire ou à ne pas faire quelque chose. (Dict. C.)

CONTRAVENTION. (C. pén., 1.) V. *Bonne foi.* V. *Cir-*

constances atténuantes. — Infraction aux lois ou règlements punie d'une peine de simple police, c'est-à-dire de 1 franc à 15 francs d'amende et de un jour à cinq jours de prison. (Dict. C.)

Obs. — Il paraît, d'après la jurisprudence actuelle, que la bonne foi ne peut pas être invoquée en cas de contravention, pas plus que dans les *délits-contraventions*, nouveau genre de délits créé également par la jurisprudence.

Aucun article de loi, à ma connaissance non plus qu'à celle de Le Sellyer, ne peut servir de base à cette doctrine; mais en présence de l'opinion générale des tribunaux, nous ne pouvons que constater le fait sans avoir la prétention d'imposer notre opinion. (V. mon étude sur la bonne foi dans les contraventions et le traité de Le Sellyer.)

CONTREBANDE. V. *Vente en temps prohibé.*

CONTREDIRE. — Combattre par des écritures les conclusions et les moyens de la partie adverse. (Dict. Littré.)

CONTRE-ENQUÊTE. (C. civ., 256.) — Enquête opposée à celle de la partie adverse. Elle est toujours autorisée. (Dict. C.)

CONTRIBUTION. V. *Permis.*

CONTUMACE. (C. Instr. crim., 244; 403-478; 641.) — État de l'accusé qui se dérobe à la justice.

Si le contumax se présente avant la prescription et qu'il soit acquitté, les frais occasionnés par sa contumace restent à sa charge.

Si les délais de prescription sont passés, il ne peut purger sa contumace.

CONVENTION. V. *Contrat.*

CONVICTION. — Certitude de la culpabilité du délinquant.

CONVOCATION. V. *Battues.*

COPROPRIÉTAIRE. V. aussi *Propriétaire* et *Responsabilité.* — Si le fonds est indivis, le droit de chasser appartient à chacun des copropriétaires, et tous peuvent également l'exercer, alors même qu'ils auraient des droits inégaux dans la copropriété. (D. P. 77. 1. 237, n. 1.)

COQ DE BRUYÈRE. V. *Gibier.*

CORBEAU. (Circ. min. int. 28 août 1861.) V. aussi *Bêtes, Neige.* — Le corbeau rentre dans la catégorie des animaux malfaisants ou nuisibles.

Dans le cas où l'arrêté du préfet n'aurait pas classé le corbeau parmi les oiseaux nuisibles, le propriétaire ou fermier peut cependant *détruire* ces animaux lorsqu'ils causent des dommages aux récoltes. (Question controversée.)

Si l'on admet ce droit de destruction, il ne s'étend pas à un tiers qui n'aurait pas agi par délégation du propriétaire : en effet, pour détruire les animaux malfaisants, chez autrui, sans permis de chasse, il ne suffit pas du seul consentement du propriétaire. (Circ. min. int. 22 juillet 1851.)

CORNEILLE. V. *Corbeau.*

CORRECTIONNEL (tribunal). V. *Condamnation* (appel), *Tribunal de première instance.* — Il juge les délits dont la peine excède cinq jours d'emprisonnement et 15 francs d'amende.

CORRUPTION. (C. pén., 177-183.) — La corruption ou tentative de corruption de fonctionnaires est punie par les art. 171 et suivants du Code pénal.

COSTUME (uniforme). (6 octobre 1880, Cahier des charges, art. 26, *in fine*.) — *Forêts de l'État :* — Les fermiers des chasses peuvent, avec l'autorisation du conservateur, avoir des gardes particuliers. « Il leur est interdit (à ces gardes) de porter un uniforme qui puisse être confondu avec celui des préposés forestiers. » Il ne suffit pas, pour établir un fait de chasse, qu'un individu ait été rencontré dans le costume et avec tout l'attirail d'un chasseur. (D. C. ch., art. 1.)

COUCHER. V. *Soleil.*

COUPE. (6 octobre 1880.) — *Forêts de l'État.* — L'administration se réserve de protéger à l'aide de clôtures (treillages, grillages, etc.) les repeuplements naturels ou artificiels, ainsi que les jeunes coupes exposées à la dent du gibier. (Art. 29.)

COUPLE. (L. 1844, art. 11.) V. aussi *Équipage.* — Le seul fait de traverser la propriété d'autrui avec ses chiens couplés ou non couplés ne constitue pas un délit de chasse : il faudrait qu'il y eût fait de chasse. (V. *Droit de suite.*)

COUR D'APPEL. (L. du 27 ventôse an VIII et 20 avril 1810.) V. *Tribunal de première instance.* — Les cours d'appel statuent en dernier ressort sur les jugements rendus par les tribunaux de première instance, au civil, comme au criminel, comme au commerce.

COUR D'ASSISES. — Juridiction chargée de juger les crimes.

COUR DE CASSATION. — La Cour de cassation n'est pas un tribunal d'appel, mais elle casse les décisions qui n'auraient pas été prises conformément à la loi et les renvoie devant un tribunal de même degré que celui dont elle a cassé l'arrêt.

Si le second tribunal juge comme le premier, la Cour de cassation tient une audience solennelle (les trois chambres réunies), et l'arrêt est *obligatoire*, quant à l'application de la loi, pour le troisième tribunal désigné pour juger la question.

COUR. V. *Enclos, Herbage.* — Quand une cour où se trouvent la maison de ferme et les bâtiments d'exploitation est distincte d'un herbage, dont elle est séparée soit par les murs des bâtiments, soit par des haies ou des barrières, établissant une clôture continue, le propriétaire ne peut chasser dans cette cour, mais il peut le faire dans l'herbage. (D. C. ch., art. 1. — Rouen, 23 février 1865.)

Il y a délit de chasse sans autorisation sur le terrain d'autrui, de la part du fermier qui tire un lièvre sur un herbage faisant partie de la ferme, mais qui n'est pas clos et n'est pas à considérer comme une dépendance de son habitation. (Rouen, 28 juin 1867.)

COURANT (chien). V. *Chasse* et *Droit de suite.*

COURONNE. — Les biens qui faisaient partie du domaine de la Couronne ont été placés sous le même régime que les autres biens de l'État depuis la proclamation de la République.

COURRE. V. *Chasse, Coiffé, Chien.*

COURS D'EAU. V. *Canal.* — L'art. 9 de la loi du 22 janvier 1874 n'autorisant la chasse du gibier d'eau que dans les marais, sur les étangs, fleuves et rivières, un petit ruisseau qui est à sec pendant une grande partie de l'année ne rentre pas dans cette nomenclature restrictive. (V. arrêt : Cass., 23 mai 1888.)

Mais aucun délit n'est imputable à l'individu qui tire une bécassine sur un terrain bas et marécageux, contigu à une rivière, fréquemment recouvert par les eaux, et tel que le prévenu n'y pouvait chasser utilement que le gibier d'eau. (Dijon, 18 avril 1873.)

COURSE. V. *Chasseur*.

COUTUME (usage). V. *Ban*.

COUTUMIER (droit). — Avant le Code civil, la France était, en partie, régie par le droit coutumier qui reposait sur l'observation des coutumes, tandis qu'une autre partie du pays suivait encore les règles du droit romain ou droit écrit.

COUVÉE (et œufs). L. 1844, art. 4. V. *Faon, Faisan*. — La mise en vente, l'achat, le transport et le colportage des œufs et couvées ne sont pas défendus par l'art. 4 de la loi de 1844. (D. J. G. Chasse, 228.) Sauf le cas où le préfet prendrait un arrêté en vue de cette défense.

Mais la capture et la destruction des œufs et couvées de faisans, de perdrix et de cailles sont interdites sur le terrain d'autrui. (V. Q. Q. 4ᵉ série, p. 21. — Trib. de la Flèche, 30 novembre 1887.)

Obs. — Le tribunal de Beaune n'admet plus qu'il y ait délit (30 juillet 1887) du moment que le nid a été mis à découvert par suite de la fauchaison, un nid à découvert devant être considéré comme perdu.

La Cour de cassation (20 janvier 1877) avait été d'un avis contraire, lequel me paraît préférable. (V. Q. Q. 4ᵉ série, p. 21.)

COUVERT. — L. 1844, art. 11 et 26. — Peut être considéré comme dépouillé de sa récolte :

Une luzerne après la seconde coupe ;

Un champ de trèfle à la troisième coupe ;

Un champ de sainfoin dont la coupe vient d'avoir lieu ;

Un champ de betteraves (V. cependant *Betterave*);

Une prairie, une fois la première coupe ;

Un champ de pommes de terre.

Sont au contraire considérés comme terres non dépouillées de leur récolte :

Les vignes (V. *Ban*);

Les jeunes trèfles ;

Un champ de haricots ;

Un champ d'orge et d'avoine ;

Un champ de blé ;

Un champ de seigle. (V. toutefois le mot *Blé*.)

CRÉPUSCULE. V. *Nuit*.

CRI. V. *Chasse à courre, à cor et à cri*.

CRIME. V. *Cour d'assises*.

CROISÉ. V. *Lévrier*.

CULTIVATEUR. V. *Riverain*.

CULTURE. V. *Blé*.

CUMUL. V. *Garde champêtre*. — En cas de conviction de plusieurs délits (de chasse ou autres), la peine la plus forte sera seule prononcée. (Art. 71.) — Il s'agit là des peines principales, mais les peines accessoires peuvent être prononcées en même temps (confiscation, destruction des engins, etc.).

CURATEUR. — V. *Permis*.

CURÉE. L. 1844, art. 1. — La *curée* ne peut pas

être considérée comme un acte de chasse, même sur le terrain d'autrui. (Trib. Loudun, 13 mai 1881.)

CYGNE SAUVAGE. L. 1844, art. 9. — Est considéré comme un gibier d'eau. Certains tribunaux (Trib. de Tongres, 9 mars 1871) ont jugé qu'on avait le droit de traiter comme les bêtes fauves (V. le mot) les cygnes sauvages qui s'abattent sur un vivier contenant du poisson. (D. C. ch., art. 9.) Quant au cygne apprivoisé, il rentre dans la catégorie des animaux sédentaires; par suite, le fait de s'en emparer est un vol.

CYNÉGÉTIQUE. — Qui regarde la chasse et les chiens. (Dict. Littré.)

D

DAGUER (servir). V. *Coiffé.*

DAIM. V. *Bêtes fauves.*

DANGEREUX. V. *Animal nuisible.*

DANOIS. V. *Chien de luxe.*

DATE. V. *Ouverture.* — La prohibition de chasser *à compter de tel jour* commence le jour même indiqué.

DÉBORDEMENT (inondation). L. 1844, art. 1. V. *Juge de paix.* — Il y a délit de chasse sans le consentement du propriétaire de la part de l'individu qui chasse sur une île particulière située dans une rivière navigable, alors même que l'île serait momentanément submergée par les eaux de la rivière... Il en est ainsi malgré la licence que le prévenu aurait obtenue du fermier de la pêche, de chasser sur les eaux de la rivière. (Rennes, 25 avril 1866.)

DÉBOUTER. — Déclarer un plaideur déchu de sa demande.

DÉCHARGE. V. *Quittance.*

DÉCHÉANCE. — Perte d'un droit pour défaut d'accomplissement d'une formalité dans un délai déterminé.

DÉCHÉANCE. V. *Manœuvres (grandes).*

DÉCISOIRE (serment). C. civ., 1357. — Celui qu'une partie défère à l'autre pour en faire dépendre le jugement de la contestation qui les divise.

Le serment est *supplétoire* lorsqu'il est déféré d'office par le juge à l'une des parties, pour suppléer à l'insuffisance de la preuve. (Dict. C.)

DÉCLIN (du jour). V. *Nuit.*

DÉCLINATOIRE. — Exception par laquelle le défendeur demande son renvoi devant une autre juridiction.

DÉCOUPLER. V. *Couple* et *Équipage.*

DÉCRET. — Décision du chef de l'État.

DÉDIT. — Somme stipulée et due par celui qui ne remplit pas une convention. (Dict. Littré.)

DÉFAILLANT. V. *Opposition*, *Témoin*. — Qui fait défaut en justice.

DÉFENDEUR. — Celui qui se défend contre une demande judiciaire, par opposition à *demandeur*, celui qui intente l'action en justice.

DÉFENSE. V. *Brandon, Incompétence.*

DÉFONCER. V. *Lapin.*

DÉGAT. V. *Lapin, Blé.*

DÉGATS. V. *Manœuvres (grandes).*

DÉGUISEMENT. V. *Arrestation.*

DÉLAI. V. *Ouverture.*

DÉLATEUR. V. *Acquittement* et *Immunité.*

DÉLINQUANT. — Celui qui a commis un délit.

DÉLIT. V. *Correctionnel, Contravention, Flagrant.*

DEMANDEUR. V. *Défendeur.*

DEMEURE. V. *Domicile.*

DÉNONCIATEUR. V. *Acquittement.*

DÉNONCIATION de nouvel œuvre. V. *Réintégrande.*

DÉPARTEMENT. V. *Envoi.*

DÉPÊCHE. V. *Télégraphique.*

DÉPENS. — Frais que la partie qui perd doit payer à la partie qui gagne.

DÉPEUPLER. (6 octobre 1880, Cahier de charges.) *Forêts de l'État.* — La chasse en traques ou en battues est permise aux fermiers de la chasse à tir. Toutefois ce mode de chasse ne pourra être pratiqué pendant la dernière année du bail qu'avec l'autorisation du conservateur. (Art. 18.)

DÉSARMER. V. *Arrestation.*

DÉSISTEMENT. (C. proc. civ., 402, 403. Instr. crim., 4, 67.) — Renonciation à une plainte, à une demande.

En matière civile, le désistement peut être fait et accepté par de simples actes signés des parties et signifiés d'avoué à avoué.

En matière criminelle, le désistement du plaignant ne peut arrêter ni suspendre l'exercice de l'action publique, si ce n'est au cas de poursuite pour diffamation ou pour adultère: — Il n'est plus valable après le jugement. (Dict. C.)

DESTRUCTION. V. *Chasse, Couvée, Basse-cour, Pigeon,*

Lapin, Bête fauve, Loup, Neige, Forêts de l'État. — Dans le cas où le conservateur reconnaîtra que la surabondance du gibier est de nature à porter préjudice aux peuplements forestiers ou aux propriétés riveraines, il devra mettre le fermier en demeure, par sommation extrajudiciaire, de détruire, dans un délai déterminé, les animaux dont le nombre et l'espèce lui seront indiqués.

Faute par le fermier de satisfaire à la mise en demeure, il sera procédé d'office à la destruction par les soins du service forestier. Le gibier abattu appartiendra à celui qui l'aura tué.

Les adjudicataires de la chasse à tir seront tenus de supporter les destructions des grands animaux effectuées au fusil par les adjudicataires de la chasse à courre sur réquisition administrative, sans qu'il soit nécessaire de convoquer lesdits adjudicataires de la chasse à tir. (Art. 20.)

DÉTENTION. V. *Collet.* — C'est l'emploi d'engins, et non leur simple détention, qui constitue un acte de chasse. (D. J. G., *Chasse*, 34.)

DÉVASTATION (d'arbres). V. *Permis.*

DIFFAMATION. V. *Désistement.*

DISCERNEMENT. (C. pén., art. 66-69.) — D'après l'opinion générale, l'art. 66 C. pén. est applicable en matière de chasse, et par suite le mineur de seize ans qui est convaincu d'avoir commis un délit de chasse doit être acquitté, s'il est décidé qu'il a agi sans discernement (sauf à payer frais et dommages-intérêts). (D. C. Ch., 20.)

S'il est reconnu avoir agi avec discernement, il y

aura lieu d'appliquer l'art. 69 (réduisant la peine de moitié). Mais ces deux questions sont controversées.

DISSOLUTION. V. *Société*.

DIVAGATION. V. *Chien*.

DOMAINE. V. *Terrain*.

DOMESTIQUE. V. *Animal domestique*. V. *Enfant* (responsabilité civile).

DOMICILE (et résidence). — C. civ. 102-111. — L. 1844, art. 5. — Le domicile est le lieu où l'on a son principal établissement. Quant à la question de savoir ce qu'il faut entendre par *résidence* au point de vue de la demande de permis de chasse, elle est controversée.

Néanmoins, il n'est pas douteux que l'on doit regarder comme une véritable résidence la campagne que l'on habite chaque année, pendant plusieurs mois ou même seulement pendant plusieurs semaines (D. C. ch., art. 5. Q. Q. 1ʳᵉ série, p. 47).

DOMICILIAIRE (visite). V. *Collet*.

DOMMAGE. V. *Lapin, Blé. Enclave, Renard*.

DOMMAGES-INTÉRÊTS, somme allouée en justice à quelqu'un pour l'indemniser d'un préjudice.

DOUANIER. V. *Hutte*. — Ordonn. du 5 mai 1845. — L. 1844, art. 10. — Les douaniers ne sont pas compris parmi les agents qui touchent des gratifications pour constater les infractions à la loi sur la chasse. La loi de 1844 ne prive point du permis les douaniers. Mais l'administration supérieure leur défend de chasser. (D. J. G. *Chasse*, 154.)

DOUBLE (amende). V. *Circonstances aggravantes*.

DRESSAGE. V. *Chien, Essai*.

DROGUE. V. *Poison*. — L. 1844, art. 12. — Si

l'emploi des appâts ou drogues de nature à enivrer le gibier ou à le détruire est puni même sans effet produit, il faut cependant que ce soit un moyen principal de destruction.

Ainsi le miroir n'est pas considéré comme un appât.

DROIT de suite. — L. 1844, art. 11. — Le droit de suite, déjà aboli par la loi d'avril 1790, n'existe plus, sauf entre voisins à s'accorder mutuellement ce droit.

Quant au passage des chiens sur le terrain d'autrui, ce n'est pas un droit, mais un fait qui *peut être* excusable :

1° Si les chiens sont des chiens courants ;

2° Si la chasse a été commencée avec droit ;

3° Si le passage des chiens est indépendant de la volonté de leur maître ;

4° Enfin si le maître n'a pas lui-même fait acte de chasse sur le terrain d'autrui. (D. C. ch., 11.)

DUMENT. V. *Battue.* — L. 5 avril 1844, art. 90-96. V. *Notification.* — L'art. 90 de la loi du 5 avril 1884 permet aux maires en temps de neige, à défaut des détenteurs du droit de chasse, à ce *dûment* invités, de faire détourner les loups ou sangliers réunis sur le territoire de la commune.

Le tribunal de Langres veut obliger le maire à prendre un arrêté (26 mars 1885), ce qui rendra la mesure souvent tardive vu la longueur des formalités. Il faut reconnaître cependant que le tribunal de Langres a la loi pour lui, le préfet ayant le droit d'annuler l'arrêté ou d'en suspendre l'exécution en ce qui concerne les battues. V. *Loup.*

DUPLICATA. V. *Permis de chasse.*

E

EAU. V. *Canal, Étang.*

ECCLÉSIASTIQUE. Aujourd'hui la loi française ne refuse pas le droit de chasse, ni par suite le permis de chasse aux ecclésiastiques. (D. J. G. *Chasse*, 151.)

Il en est autrement des canons de l'Église, qui interdisent la chasse aux ecclésiastiques. (V. notamment les conciles d'Agde en 600, d'Epiène en 717, de Tours en 802, de Paris en 1212, de Latran en 1213, de Pont-Audemer en 1276. — Menche de Louisne, n⁰ˢ 61 et 63.)

ÉCHALIER (petite échelle pour passer par-dessus une haie). V. *Barrière.*

ÉCHASSIER. V. *Bécasse.*

ÉCHELLE. V. *Entourage.*

ÉCRITE (menace). V. *Permis de chasse.*

ÉCUREUIL, au point de vue de l'achat est considéré comme gibier dont la chair est bonne à manger.

ÉDUCATION. V. *Chien, Essai.*

EFFET. V. *Drogue.*

ÉLÉMENTS constitutifs de la chasse. V. *Chasse.* — La chasse consiste dans la recherche, la poursuite et la capture des animaux sauvages, et comprend tous les moyens de s'en emparer. (D. J. G. *Chasse*, 15 et 30.) — La Cour de cassation remplaçant la conjonction *et* par la conjonction *ou*, la jurisprudence varie journellement suivant que les tribunaux adoptent ou rejettent l'opinion de la Cour suprême. (V. le mot *Chasse.* V. Q. Q. 4ᵉ série de chasse.)

ÉLEVAGE. V. *Faisan.*

EMBLAVÉ. V. *Blé.*

EMBUCHE. V. *Piège.*

ÉMIGRANT. V. *Oiseau de passage.*

ÉMOUCHET. V. *Animal nuisible.*

EMPARER (S'). V. *Collet.*

EMPOISONNEMENT. V. *Poison, drogue.*

ENCHÈRE. V. *Adjudication.*

ENCLAVE. — L. 20 août 1881, art. 682 et 683. — Conformément à la loi du 20 août 1881, le propriétaire de terres enclavées peut réclamer un passage sur les fonds de ses voisins, à la charge d'une indemnité proportionnée au dommage qu'il peut occasionner, et, en principe, ce passage doit être pris du côté où le trajet est le plus court.

Quant à l'exercice de la chasse, le simple passage sur le terrain d'autrui ne constitue pas un acte de chasse, pourvu que le chasseur ne soit pas en attitude de chasse. (V. *Chasseur.*)

ENCLOS. — V. *Domiciliaire* (visite), *Garenne, Nappe.* L. 1844, art. 1, 2. — Il n'est pas défendu, après la fermeture de la chasse, de chasser dans un enclos attenant à une habitation.

« C'est, dit Dalloz, une immunité basée sur le respect et l'inviolabilité du domicile. »

Mais si un arrêté de police défend de se servir d'armes à feu dans les propriétés situées dans une ville, cette prohibition s'étend à l'usage des armes à feu dans un enclos.

La question de savoir si l'on peut faire usage d'engins et de moyens prohibés (V. le mot *Engin*) est controversée.

Pour les engins prohibés, la jurisprudence s'accorde à reconnaître que l'emploi en est défendu pour tout le monde; quant aux moyens prohibés, par ex. les appeaux, les appelants, l'usage n'en serait pas défendu. (C. cass., 16 juin 1866.)

Quant aux *trappes*, voir ce mot.

ENFANT. V. aussi *Permis* (responsabilité civile). — C. civ. 1384. L. 1844, art. 28. — En fait de chasse, le père, et la mère après le décès du mari, sont responsables du dommage causé par leurs enfants mineurs habitant avec eux.

Il en est de même pour le tuteur chez lequel habite le mineur; pour les maîtres et commettants, si le dommage a été causé par leur domestique dans les fonctions auxquelles il est employé (piqueur, domestiques, gardes).

Pour les instituteurs et artisans au sujet de leurs élèves ou apprentis, la question est controversée.

Mais la responsabilité est purement civile : les amendes, le payement de la valeur des engins ou armes non représentés, ne peuvent être réclamés qu'à ceux qui ont subi la condamnation pénale. (Cass., 6 juin 1850, et Dalloz, art. 28.)

ENGIN. V. *Collet*.

ENLEVER. V. *Ramasser*, *Emparer* (s').

ENQUÊTE. V. *Contre-enquête*. V. aussi *Commodo*. — Audition de témoins en justice.

ENRAGÉ. V. *Rage*.

ENREGISTREMENT. — L. 22 frimaire an VII, art. 20 et suiv., et lois postérieures. — Qu'il y ait un délai pour faire enregistrer un acte (quatre jours pour les gardes forestiers) ou qu'il n'y ait pas de délai, tout acte dont on veut faire usage en justice doit être enregistré.

ENSEMENCÉ. V. *Blé*.

ENTOURAGE. — L. 1844, art. 2. V. aussi *Barrière, Glace, Roseau*. — Pour rentrer dans les conditions de l'art. 2 de la loi de 1844, la clôture doit-elle être telle que ni homme, ni chien, ni gibier ne puisse se faire facilement un passage?

La question est controversée. Il semblerait plus logique d'admettre que l'obstacle ne soit fait qu'en vue de faire respecter l'inviolabilité du domicile, et, par suite, ne soit opposé qu'aux hommes.

Quant aux modes de clôtures, ils varient suivant les pays : il ne faut pas cependant qu'ils soient illusoires, comme par exemple serait une rangée de pieux reliés entre eux par des fils de fer et permettant un accès facile dans la propriété. (V. *Barrière*.)

Un saut de loup est une clôture suffisante; il en serait de même pour un fossé rempli d'eau s'il était d'une largeur suffisante pour empêcher de pénétrer dans la propriété sans le secours d'une planche ou d'une échelle. Ce sont des questions d'appréciation de la part des tribunaux.

ENTRAINEMENT. V. *Dressage*.

ENTRAVE à la circulation des grains. — V. *Permis de chasse*.

ENTRÉE. V. *Barrière*.

ENTRE-VOIE. V. *Chemin de fer*.

ENTR'OUVERTURE. V. *Barrière* (brèche).

ENVOI. — L. 1844, art. 4. (Expédition, transport,

transit, colportage.) — Tout transport de gibier est défendu en temps prohibé, et, la bonne foi n'étant pas admise comme excuse, la jurisprudence, avec le système actuel du délit-contravention (V. ce mot), en arrive à considérer comme complices les entrepreneurs de transport, même les chefs de gare.

Cependant on cherche à atténuer les effets de cette doctrine en admettant l'absence de volonté de la part de certains messagers. (C. cass., 9 décembre 1859.)

Le transit même n'est pas permis, lors même que la chasse serait ouverte au point de départ et au point d'arrivée, s'il est nécessaire de traverser un département dans lequel la chasse est fermée. (Paris, 22 novembre 1844.)

ÉPERVIER. — Est considéré comme un oiseau nuisible (au point de vue de la fauconnerie, V. *Chasse*).

ÉPI. V. *Blé*.

ÉPINAGE, ÉPINE. — L. 1844, art. 28. V. aussi *Fougère*. — Si le fermier ne peut pas s'opposer à l'épinage dans les pays où ce procédé est en usage, alors surtout qu'une indemnité lui a été promise en cas de dommages (Paris, 11 juillet 1867), il n'en est pas de même dans les départements où cet usage n'existe pas. (J. de paix, Chevreuse, 4 juin 1887, V. Q. Q. 4ᵉ série, p. 32.)

ÉPOQUE. V. *Ouverture* (de la chasse).

ÉPOUVANTAIL. V. *Banderole*.

ÉQUIPAGE. V. *Chasse* (à courre). L. 1844, art. 5. V. *Invité*. — Le piqueur, en dirigeant ou appuyant les chiens, fait acte de chasse : il doit être muni d'un permis de chasse, tandis que le valet de chiens, qui ne s'occupe que de coupler ou découpler les chiens, n'a pas besoin de permis. (Cass., juin ou juillet 1846.)

Mais toute personne appuyant les chiens doit être munie d'un permis (Pau, 6 mai 1858), de même que les chasseurs (à courre) (Instr. min. int. 20 mai 1844 et 22 juillet 1851).

ERRANT. V. *Chien*.

ERREUR (bonne foi). V. *Contravention, Intention*.

ESCALADE. C. pén., 384, 397. V. *Manœuvre* et *Permis*. — Circonstance aggravante du vol.

ESPALIER. — Une terre couverte d'espaliers ne peut pas être considérée comme dépouillée de ses récoltes. (Grenoble, 10 nov. 1841.)

ESSAI. V. *Chien de chasse*. —Suivant la Cour de cassation, l'essai est, comme le dressage, un acte de chasse. (Cass., 17 février 1853.)

« Décidé, selon une autre opinion, que l'on ne doit pas regarder comme faisant acte de chasse l'individu qui fait quêter un chien d'arrêt pour l'exercer et éveiller son instinct ; cette manœuvre n'est pas un fait de destruction ni de poursuite de gibier. » (Douai, 23 déc. 1852, arrêt cassé par l'arrêt précédent.)

ESSAIM. V. *Abeilles*.

ESTER. — Poursuivre ou se défendre en justice.

ÉTABLISSEMENT PUBLIC. V. *Hôpital*. V. *Saisi* (gibier).

ÉTANG. L. 15 avril 1829, art. 2. V. aussi *Hutte, Fourmi*. — Le droit de pêche dans les étangs comprend la chasse au gibier d'eau. (Dalloz, *Pêche fluviale*, art. 2, n° 50.)

ÉTAT (des personnes). V. *Permis de chasse*.

ÉTRANGER. L. 1844, art. 7, 8. V. aussi *Gibier*. — Les étrangers peuvent obtenir des permis de chasse, mais ils doivent avoir une résidence fixe en France. (Circ. min. int. 22 juillet 1851.)

EXCEPTION. V. *Incompétence*. — Tous moyens opposés à une demande judiciaire (Littré).

EXCITER, V. aussi *Équipage* et *Appuyer*. V. *Chasseur*. — Fait acte de chasse sur le terrain d'autrui celui qui est surpris dans un chemin longeant le bois d'autrui, faisant chasser deux chiens dans le fossé séparatif du bois et du chemin, les excitant de la voix, ayant le fusil armé et se tenant prêt à tirer. (Paris, 21 juillet 1882.)

EXCUSE. V. *Intention*. — On peut considérer comme un acte de chasse le fait de tirer un coup de fusil dans un bois qui n'est pas un enclos dépendant d'une habitation, si le prévenu ne démontre pas qu'il était dans un cas d'excuse légale. (Poitiers, 29 oct. 1886.)

EXCUSABLE. V. *Droit de suite, Discernement, Excuse*.

EXÉCUTOIRE (formule). V. aussi *Référé*. — C'est l'intitulé de la formule qui précède les arrêts ou jugements exécutoires. Elle est ainsi conçue : « République française. Au nom du peuple français... »

EXERCICE de tir. — Il a été jugé qu'un garde national qui, pour décharger son fusil, avant son service, avait pris pour but un oiseau, n'avait pas commis un délit de chasse; ce fait, dépourvu de circonstances particulières, n'était qu'un exercice de tir. (Tr. de Mamers, 21 déc. 1870.)

EXHIBITION (du port d'armes). L. 1844, art. 1 et 11. V. *Costume*. — L'individu trouvé en action de chasse est passible de poursuites s'il ne *justifie* pas qu'il avait obtenu un permis au moment de la constatation de ce fait de chasse. (D. C. Ch., art. 1.) Il n'est pas nécessaire que le chasseur soit porteur de son permis, pourvu qu'il fasse la justification devant le tribunal. (V. *Permis de chasse*.)

EXPÉDITION. V. *Envoi*.

EXPERT. (Pr. civ., 302-323.) — Les experts sont nommés pour prononcer sur des faits qui exigent des connaissances spéciales, et pour donner leur avis dans un rapport. (Dict. C.) Mais les juges ne sont pas obligés de se conformer aux conclusions de ce rapport.

EXPLOIT. — Acte signifié par l'huissier pour les assignations, notifications, etc.

EXPLOITATION. 6 oct. 1880, Cahier des charges. *Forêts de l'État.* — L'administration se réserve expressément, sans que le fermier de la chasse puisse s'y opposer ou s'en prévaloir, pour se soustraire à l'exécution des clauses et conditions de l'adjudication, la faculté d'exploiter comme bon lui semblera toutes les forêts ou parties de forêts comprises dans l'amodiation... (Art. 29.)

F

FABRICATION. V. *Armes*.

FACTAGE. V. *Envoi*.

FACTURE. V. *Quittance*.

FAISAN. V. *Négligence, Volière, Gibier.* V. aussi *Couvées, Mues.* — Les propriétaires qui élèvent des faisans ont-ils le droit, après les avoir mis en liberté, de les reprendre à l'aide de mues avant l'ouverture de la chasse ?

La Cour de Dijon, par son arrêt du 28 nov. 1845, était pour la négative; la Cour de Paris, par son arrêt du 9 décembre 1885 et deux autres plus récents (1889), soutient l'affirmative, dans le cas où il est établi que les faisans n'ont été repris que dans le but de les élever.

Duvergier et Dalloz partagent l'avis de la Cour de Dijon : « ... Quant aux *petits* (par opposition aux œufs et aux couvées), la loi ne les protège par aucune disposition particulière, mais cela a peu d'inconvénient, parce que, comme le fait observer M. Duvergier (p. 114), leur enlèvement ou leur destruction ne peut avoir lieu en temps prohibé sans entraîner les peines portées contre le délit de chasse... » (Dalloz, *Chasse*, n° 229.)

Obs. J'ajouterai que ce n'était pas par oubli qu'aucune disposition particulière n'avait été prise dans la loi de 1844 pour la protection des *petits*, car la question fut soulevée par M. Delespaul (V. Ch. des députés, séance du 16 février 1844), et son article additionnel ne fut pas adopté.

La jurisprudence de Dijon me paraît préférable, et si l'on objecte que l'élevage du faisan devient impraticable, je répondrai que rien n'empêcherait de modifier la loi de manière à permettre aux préfets de donner des autorisations spéciales, comme ils peuvent le faire actuellement pour le lapin.

« Il est impossible, dit avec raison la cour de Dijon,

que les officiers de police judiciaire aient à apprécier l'intention des chasseurs, au moment du fait de chasse, sur la destination réservée au gibier; que le juge ait davantage à faire cette appréciation en présence des prohibitions absolues de la loi... »

Dans la pratique, ce ne sont pas seulement des faisandeaux qui se prennent sous les mues, et ce ne sont même pas eux que l'on recherche le plus souvent, mais bien les poules pour remonter les faisanderies. Quant aux coqs, on garde le nécessaire, et les autres sont vendus aux voisins auxquels peut-être ils appartenaient.

FAIT (question de), par opposition à question de droit.

FAON. Cah. de charges, 6 oct. 1880. *Forêts de l'État.* — Il est défendu d'enlever ou de détruire les faons ou levrauts, ainsi que les nids et couvées d'oiseaux (art. 19).

FAUCHEUR. V. *Involontaire, Couvée.*

FAUCON. V. *Chasse.*

FAUCONNERIE. V. *Chasse.*

FAUTE. V. *Négligence* et *Imprévu.*

FAUVE. V. *Bête.*

FAUVETTE. V. *Volière.*

FAUX. C. pén., 145. — Les faux en *écritures publiques* ou authentiques, et de commerce ou de banque, seront punis des travaux forcés à perpétuité si le coupable est un fonctionnaire; des travaux forcés à temps si le coupable est un particulier.

C. pén., 150. — Les faux en *écriture privée* seront punis de la réclusion.

C. pén., 153. — Les faux commis dans les passeports, *permis de chasse*, feuilles de route et certificats, seront punis de six mois à trois ans de prison.

FEMME. V. *Permis de chasse, Garde champêtre.* — Pour chasser sur les propriétés d'une femme non séparée, il faut l'autorisation du mari.

FERME. V. *Cour.*

FERMETURE (de la chasse). V. *Ouverture.* V. aussi *Barrière, Épinage, Grillage. Jardin.*

FERMIER. V. *Exploitation.*

FÉROCE. V. *Animaux nuisibles.*

FEU (chasse au). V. aussi *Nuit.* L. 1844-12. —Le paragraphe 2 de l'art. 12 défend la chasse pendant la nuit.

FIL DE FER. V. *Entourage.*

FILET. V. *Panneau. Nappe.* — Le propriétaire qui a été autorisé par le préfet à chasser le lapin sur ses terres, en temps prohibé, au fusil seulement, ne contrevient pas à l'arrêté d'autorisation, en faisant entourer une clairière d'un filet à mailles serrées où les lapins ne peuvent se prendre, afin, seulement, de les empêcher de rentrer dans la forêt, et de permettre ainsi de les tuer plus facilement à coups de fusil.

Un filet de cette nature ne constitue pas par lui-même un engin prohibé. (Tr. corr. Valenciennes, 26 sept. 1884.)

FISC. — L'administration des finances publiques. (Littré.)

FLAGRANT DÉLIT. V. *Collet.* — En cas de flagrant délit, les constatations peuvent être faites par tout officier de police judiciaire (procureur de la République, substituts, juges d'instruction, juges de paix, etc.)...

FLEUVE. V. *Canal.*

FLOTTABLES (rivières). V. *Canal.*

FLUVIALES (pêche et chasse). V. *Canal.*

FOI. V. *Procès-verbaux.*

FONDS. V. *Terrain.*

FORAIN. Ordonn. 1er nov. 1781, 26 juillet 1882. — Ces deux ordonnances défendent aux marchands forains de vendre volaille et gibier ailleurs que sur le marché.

Elles ne sont pas abrogées, et si elles étaient appliquées, une source de braconnage serait tarie. (V. Q. q. 3e série, p. 87.)

FORCE majeure. V. *Imprévu, Guerre.*

FORCÉ. V. *Coiffé.*

FORESTIER. V. *Garde.*

FORÊT. V. *Louvetier.* (Cahier de charges, 6 oct. 1880.) (V. D. C. Ch., art. 1, page 769, note.) — *Forêts de l'État.* V. les mots : *Adjudication, Cession, Chiens courants, Costume* (uniforme), *Coupes* (grillages). *Dépeupler, Exploitation, Faon, Fougère, Lapin, Lot.*

FORTIFICATION. V. *Glacis.*

FOSSE. V. *Piège.*

FOSSÉ. V. *Entourage, Glacis, Exciter, Rejet.*

FOUÉE. (Chasse aux petits oiseaux qui se fait à la clarté du feu. — Littré.) V. *Feu.*

FOUET. L. 1844. 9. — En général, les chasseurs qui chassent à courre sont seulement munis d'un fouet. (D. J. G. *Chasse,* 179.)

Lorsque la chasse à tir est fermée, l'emploi des armes à feu ne doit être autorisé qu'exceptionnellement, par exemple, lorsqu'il y a danger pour les chiens ou les chevaux; ce qui est admissible dans une chasse au sanglier, et peu acceptable lorsqu'il s'agit de chevreuil. (V. Sorel.)

FOUGÈRE. Cah. de charges (6 oct. 1880). *Forêts de l'État.* — L'Administration se réserve... d'effectuer des délivrances de menus produits (plants, épines, fougère, bruyère, bois mort, etc.). (Art. 29.)

FOUINE. — Est classée comme animal nuisible.

FOURMI. C. for., 144, *ou* C. civ., 547.

FOURMILIÈRE. — Les fourmilières et les œufs de fourmis sont d'une grande utilité pour la nourriture des faisandeaux.

La Cour de Paris (3 janv. 1866 et 30 nov. 1872) a condamné des individus qui s'étaient emparés d'œufs de fourmis sur le terrain d'autrui, et dans les condamnations a visé l'art. 144 du Code forestier, considérant les œufs de fourmis comme un engrais existant sur le sol des forêts.

Cet avis est partagé par Le Blond, Jullemier et nombreux auteurs, contrairement à Sorel, suivant lequel le Code n'a pas prévu cette difficulté.

Obs. A mon avis, les œufs de fourmis, trillés au moyen d'un crible, par exemple, n'emportent avec eux aucun débris végétal, et, par eux-mêmes, ne peuvent être considérés comme un engrais. « Sinon, dit Sorel, tout dans le règne animal ou végétal peut être considéré comme devant être, tôt ou tard, un engrais du sol. L'insecte lui-même, une fois qu'il cesse de vivre, devient un engrais puissant, et cependant il ne viendra à l'idée de personne qu'on puisse considérer l'enlèvement des fourmis ou autres insectes

comme constituant une contravention forestière, pour
cette seule raison qu'à un moment donné ces insectes
peuvent devenir un engrais du sol. »

Mais si ce n'est pas un engrais du sol, et si par
conséquent l'art. 144 du C. for. n'est pas applicable,
pourquoi ne pas considérer les fourmis comme un
produit spontané de la terre? On rentrerait dans les
principes du droit *d'accession*. « Les fruits naturels,
dit l'art. 547 du C. civ., sont ceux qui sont le produit
spontané de la terre (art. 583), tels que les herbes des
prés et les arbres des forêts, le produit des ruches à
miel, la pêche d'un étang... » (D. J. G. *Propriété*, 255,
262. *Usufruit*, 146.)

La loi du 6 oct. 1791 reconnaît le droit de propriété
pour celui sur le terrain duquel se fixe un essaim
d'abeilles (V. le mot *Abeille*); pourquoi en serait-il
autrement pour les fourmis, surtout depuis que les
fourmilières sont devenues un véritable produit ?

Jullemier (dans son *Traité de chasse*) s'exprime ainsi :

« Est-il bien établi que le locataire de la chasse ait
droit aux œufs de fourmis ?

« Ce point n'est pas nettement établi par l'arrêt que
nous avons obtenu. Il s'agissait, en effet, de locataires d'une forêt de l'État, et les affiches, placardées
avant l'adjudication, donnaient au locataire un droit
sur les fourmilières.

« Il ne pouvait donc y avoir de doute, et nous pour-
suivions en vertu d'un *droit* qu'on nous avait délégué
d'une façon formelle... »

Pour déléguer un droit, il faut avoir soi-même ce
droit, ce qui permettrait peut-être de dire que l'État

se considérait comme propriétaire des fourmilières, et, suivant moi, c'était par le droit d'accession, la fourmi étant un animal sédentaire, c'est-à-dire restant ma propriété tant qu'elle est chez moi, mais devenant la propriété d'un autre si elle vient à s'éloigner sans esprit de retour, ce qui n'a pas lieu pour les choses matérielles, comme par exemple les engrais. (V. Q. q., 5ᵉ série.)

FOURRIÈRE. — Le maire désigne un lieu de dépôt pour les animaux non gardés ou abandonnés. (L. 4 avr. 1889.)

FRAIS. V. *Dépens*.

FRANC-BORD. V. *Canal*.

FRANCHISSABLE. V. *Entourage*.

FRAUDE. V. *Envoi*.

FREUX (espèce de corbeau). V. *Corbeau*.

FROMENT. V. *Blé*.

FRUIT. V. *Blé*.

FUMÉE. — Il n'y a pas acte de chasse de la part du piqueur qui ramasse et emporte des *fumées* ou des *laissées*. (Giraudeau, 92.)

FURET. L. 1884. 1. 16. — Fureter sur le terrain d'autrui sans le consentement du propriétaire, c'est commettre un délit de chasse.

Le porteur de furets ou de bourses à lapins peut-il être considéré comme en action de chasse par le seul fait d'être rencontré dans une garenne ?

Suivant les uns, il y a délit de chasse ; suivant les autres, ce n'est qu'un acte préparatoire de chasse. Il y a plutôt là, je crois, une question de fait à apprécier de la part du tribunal.

En temps prohibé, la confiscation ne peut être prononcée que relativement aux bourses, et non aux furets qui n'en sont pas plus passibles que les chiens. (C. Poitiers, 10 mars 1865.)

Obs. Un braconnier, surpris par les gardes, s'enfuit en abandonnant son furet dans le terrier. A-t-il plus tard le droit de réclamer la restitution de ce furet?

Je ne le pense pas. Le furet abandonné par son maître rentre dans l'état d'animal sauvage et nuisible. Il est classé dans la catégorie des animaux nuisibles, et même des bêtes fauves. — (Giraudeau, 693.)

Si l'on objecte que le braconnier n'a pas abandonné son droit de propriété et n'a délaissé son furet que par une circonstance indépendante de sa volonté, qu'il a donc le droit de le réclamer aux gardes, ceux-ci ont un moyen très simple de ne pas avoir à le rendre: c'est de ne pas le prendre. Le furet rendu à l'état sauvage subira le sort des animaux nuisibles.

FUSIL. V. *Confiscation, Fouet, Garde champêtre, Poisson.* — Les fusils et pistolets à vent sont prohibés (Décr. 2 niv. an XIV), de même les pistolets de poche.

C'est un acte de chasse que de tirer un coup de fusil sur un oiseau de proie (C. cass., 13 nov. 1818), sur des petits oiseaux (C. cass., 24 sept. 1847). De plus, la pêche au moyen d'armes à feu est défendue depuis la promulgation de la loi du 10 août 1875. (Art. 15, *in fine.*)

G

GABION. V. *Hutte.*

GAGNAGE. V. *Hameçon.*

GARDE-BARRIÈRE. V. *Gare.*

GARDE champêtre. Décrets 28 sept., 6 oct. 1791, 5 avr. 1884. V. *Procès-verbaux.* — Les gardes champêtres sont des fonctionnaires institués principalement pour surveiller les propriétés rurales de toute espèce, et constater les délits et les contraventions qui portent atteinte à ces propriétés.

En outre, ils concourent au maintien de la tranquillité publique comme officiers de la police judiciaire et comme agents de la force publique. (Code Escaich.)

Dans l'art. 102 de la loi du 5 avril 1884, il est facultatif pour les communes d'avoir ou de n'avoir pas de garde champêtre, mais la loi de messidor an III et le Code de brumaire an IV ne permettent pas à plusieurs communes d'avoir le même garde champêtre.

Pour être nommé garde champêtre, il faut avoir vingt-cinq ans et être reconnu comme de bonnes mœurs. La loi du 20 mess. an III exige que le choix soit fait parmi les *citoyens* dont la probité, le zèle et le patriotisme sont généralement appréciés. Or, qui dit citoyen dit Français jouissant de ses droits civils et politiques.

Les gardes champêtres sont nommés par les maires, mais doivent être agréés et commissionnés par le sous-préfet ou le préfet. (102, L. 1884.)

L'arrêté revêtu de l'agrément du préfet ou du sous-préfet devient la *commission* du garde champêtre.

La commission une fois enregistrée, le garde prête serment devant le juge de paix du canton ; il est alors *assermenté*.

Il n'a plus qu'à se présenter à la gendarmerie pour y être inscrit sur le registre des gardes champêtres. (Décr. du 1ᵉʳ mars 1854, art. 624.)

Les insignes obligatoires consistent dans une plaque portée sur le bras avec cette inscription : *La Loi*, ainsi que les noms de la municipalité et du garde.

Quant à l'uniforme, il est facultatif, et les armes que le préfet autorise à porter sont : soit un fusil de guerre, revolver, sabre, etc., excepté les fusils de chasse, l'art. 7 de la loi de 1844 défendant aux gardes champêtres l'exercice de la chasse.

Ces gardes doivent résider dans la commune où ils exercent leurs fonctions et ne peuvent s'en éloigner plus de vingt-quatre heures sans autorisation.

Le garde champêtre ne peut être conseiller municipal (L. 1884, art. 33), ni avoir une industrie qui le détourne de ses occupations, ni être cabaretier ou aubergiste (pas plus que sa femme ne peut être cabaretière), ni garde forestier. La loi du 26 oct. 1791, qui permettait ce cumul, a été abrogée par le Code forestier (art. 4 et 218).

Quant à être à la fois garde champêtre et garde particulier, si ce n'est pas une incompatibilité de droit, en fait il est préférable que ce cumul n'existe pas.

Les gardes champêtres doivent faire les vingt-huit

jours comme réservistes, mais ils sont classés comme non disponibles dans la territoriale en temps de paix. En temps de guerre, ils sont mobilisés, mais demeurent à leur poste, sauf contre-ordre.

Ces gardes peuvent être suspendus pour un mois par arrêté du maire.

Ils ne peuvent être révoqués que par le préfet. (L. 1884, 102.)

Les conseils municipaux ne peuvent supprimer le poste de garde champêtre qu'après l'expiration de l'exercice pour lequel le traitement a été voté, et encore le préfet pourrait-il annuler cette délibération si la suppression du poste n'était qu'une révocation déguisée. (Conseil d'État, 30 juill. 1884 et 6 janv. 1888.)

GARDE FORESTIER. V. *Procès-verbaux.* — Sauf dispense, pour être nommé garde forestier, il faut être âgé de vingt-cinq ans et n'avoir pas dépassé trente-cinq ans (Ord. 15 nov. 1832), savoir lire et écrire; après leur nomination, ces gardes prêtent serment, font enregistrer leur serment, sont installés par leur supérieur, enfin déposent l'empreinte de leur marteau au greffe du tribunal.

Ces gardes ont la surveillance et la police de la chasse dans les bois soumis au régime forestier, sous la direction de l'Administration des forêts, mais seulement sur le territoire désigné dans leur commission. Mais ce ne sont pas des officiers de police ordinaire.

GARDES MUNICIPAUX. V. *Gendarmes.*

GARDES PARTICULIERS. V. *Procès-verbaux, Jardi-*

nier. — Les gardes particuliers ne peuvent faire des procès-verbaux que pour les délits commis sur les terres confiées à leur garde.

Plusieurs propriétaires peuvent avoir le même garde:

Mêmes conditions exigées pour leur capacité, âge, moralité que les gardes champêtres.

Nommés par leur maître, ils doivent être agréés par le sous-préfet, en cas de refus, par le préfet ; si ce dernier rejette la demande, on peut s'adresser au ministre, mais à titre officieux.

Mêmes conditions pour le serment et déclaration à la gendarmerie.

« Ils peuvent porter toutes sortes d'armes apparentes autres que celles de guerre, et obtenir un permis de chasse. » (C. Escaich.)

Ils peuvent être conseillers municipaux et être commerçants.

S'ils sont à la fois gardes particuliers et gardes forestiers du même propriétaire, le serment doit être prêté, non devant le juge de paix, mais devant le tribunal de première instance. (C. for., art. 147.)

Ils peuvent être révoqués ou remplacés par leur maître, à son gré.

Sur la plainte du parquet, ou d'office, la révocation pourrait être prononcée par le préfet pour motifs graves.

GARDES-PÊCHE. V. *Permis de chasse.* — Le droit de constater des délits de chasse appartient également aux gardes-pêche, mais ce droit s'étend-il dans tout le ressort du tribunal qui a reçu leur serment, ou seulement le long des cours d'eau qu'ils surveillent?

La question est controversée; il me semble que l'opinion qui étend leur droit dans tout le ressort du tribunal est plus logique, certains délits, par suite, par exemple du colportage, pouvant être constatés loin des cours d'eau confiés à la garde de ces agents. (V. Pêche fluv., L. 15 avr. 1829, art. 38.)

GARDES-VIGNE, GARDES MESSIERS. — Ils peuvent constater les délits de chasse sur les propriétés qui leur sont confiées pendant la durée de leur mission.

GARDERIE. — Étendue de bois qui est sous la surveillance d'un garde. (Littré.)

GARDIEN. V. *Scellés*.

GARDIEN DE LA PAIX. V. aussi *Commissaire de police*. — Les simples agents de police, appariteurs, sergents de ville, inspecteurs de police, veilleurs de nuit, n'ont qualité que pour faire des rapports à titre de simples renseignements; il ne leur appartient pas de constater un délit. (D. C. I. cr., art. 11.)

GARE de chemin de fer. L. 1844, art. 2. — On ne saurait considérer comme attenant à une habitation, dans le sens de la loi, l'enceinte d'une gare (Cour d'Alger, 3 mars 1888) ou de la maison d'un garde-barrière. (V. Q. Q. 4ᵉ série, p. 86. — Rouen, 7 avril 1859.)

GARENNE. V. *Furet. Négligence*. — La soustraction d'animaux dans une garenne fermée, dans un enclos ou dans un parc, n'est pas un délit de chasse, mais un vol. (V. D. J. G. vol. 128.)

GAZONNEMENT. V. *Montagne.*

6

GEAI. — Est classe comme un oiseau nuisible, et aussi comme gibier comestible par quelques auteurs.

GELINOTTE. V. *Gibier*.

GENDARME. — Leur compétence pour constater les délits de chasse s'étend sur tout le territoire de la France.

Cependant la question est douteuse lorsqu'ils se trouvent en dehors de leur circonscription : « Ils ne peuvent verbaliser (dans ce cas) qu'autant qu'ils sont dans l'exercice de leurs fonctions, par exemple quand ils reviennent de conduire des prisonniers. » (D. L. 1844, 22. — Cass., 8 mars 1851. — Cons. d'État, 7 juin 1851.)

.Les *gardes municipaux* de Paris sont assimilés aux gendarmes, dans l'intérieur de Paris, en cas, par exemple, de délit de colportage.

GÉNÉRAL (garde). — N'est pas un officier de police judiciaire. (Cass., 19 févr. 1825.)

GENRE (de chasse). V. *Chasse*.

GERFAUT. V. *Faucon*.

GIBECIÈRE. V. *Furet*.

GIBIER. V. *Animaux, Bête fauve, Faisan, Terrine, Envoi*. Sont susceptibles d'être l'objet de la chasse les animaux sauvages impropres à l'alimentation, aussi bien que ceux qui peuvent être mangés, qu'ils soient utiles ou inoffensifs, malfaisants ou nuisibles, ou que ce soit des bêtes fauves.

Achat. Transport. Au point de vue de l'achat, il s'agit du gibier dont la chair est bonne à manger.

La prohibition d'acheter du gibier en temps prohibé s'applique aussi bien au gibier vivant qu'au gibier mort, alors même que cet achat aurait pour but l'élevage ou la reproduction (V. le mot *Faisan*), sauf à obtenir pour le transport une autorisation du préfet, si c'est dans le même département, et du ministre, si c'est pour un autre département.

La prohibition s'applique même au gibier tué dans les terrains clos attenant à une habitation, alors même qu'il serait prouvé par un certificat de l'autorité locale que le gibier a été réellement tué dans des conditions licites (Circ. min. int. 9 et 20 mai 1844), à moins que ce ne soit du gibier volaille ou de basse-cour, notamment les faisans de basse-cour. (Tr. corr. Fontainebleau, 30 sept. 1859.)

Obs. Ce dernier jugement me paraît sujet à discussion. (V. *Volière.*)

Quant au gibier *cuit* ou *cru*, si en principe l'interdiction s'étend au gibier ainsi préparé, malheureusement les tribunaux ne sont pas d'accord, et inclinent à fermer les yeux sur le délit commis par les marchands et les consommateurs.

Il serait facile d'obvier à ce désaccord en modifiant la loi dans le sens que j'ai indiqué (V. Q. Q. 2e et 3e série), modification adoptée par la commission dans le projet de loi actuellement proposé au Sénat. Il suffirait de permettre aux marchands de confectionner des *terrines* (V. ce mot) de gibier de différentes tailles (suivant le nombre des consommateurs), et d'exiger que les boîtes fussent enveloppées d'une bande ou marque quelconque délivrée par l'État (comme pour les paquets de tabac, par exemple).

Toute vente ou consommation, dans un endroit

public, de terrines non revêtues de cette enveloppe serait considérée comme passible de l'art. 4 de la loi de 1884.

Pour le transport, V. le mot *Envoi.*

GIBIER D'EAU. V. *Hutte.*

GIBIER étranger.— *En principe* le gibier venant de l'étranger tombe sous l'application de l'art. 4, qui ne fait aucune exception à son égard. (D. J. G., *Chasse,* 214. — V. *Plume.*)

Peuvent être cependant vendues et colportées certaines espèces non acclimatées en France et qui se distinguent de celles du même genre existant dans notre pays, par exemple, la grouse d'Écosse, le grand coq de bruyère, la gelinotte noire, la gelinotte blanche, le colin de Virginie, le lièvre blanc de Russie (Circ. min. just. 11 mars 1878); de même pour le sanglier provenant de l'étranger.

GITE.—Il y a fait de chasse dans l'acte de chercher à surprendre le gibier au gîte et à s'en emparer, ou de suivre la trace d'un lièvre sur la neige, de le surprendre et de s'en emparer (Lyon, 1ᵉʳ mai 1865); mais est-il nécessaire qu'il y ait capture ou tentative de capture? On retombe dans la question de savoir si chacun des actes de chasse (recherche, poursuite, capture) est séparément un délit, ou s'il est nécessaire qu'il y ait réunion des trois actes. (V. *Chasse.*)

GLACE. V. *Entourage.* L. 1844, art. 2. — Les eaux qui, en temps normal, forment clôture, ne perdent pas ce caractère lorsqu'elles sont couvertes de glace, ou lorsqu'elles sont momentanément à sec par suite d'une sécheresse. (Giraudeau, 319.)

GLACIS. — Sur les terrains qui dépendent du ministère de la guerre, l'exercice du droit de chasse est dans les attributions de l'autorité militaire. (Observ. de Ch. Tissier, *Chasse illustrée*, 27 août 1881.) — (D.C. ch. 1.)

GLU, GLUAU. V. *Collet, Nappe.*

GOURDIN. V. *Bâton.*

GRACE. — Remise faite à un condamné de la peine prononcée contre lui.

La gratification due aux gardes pour délit de chasse n'en est pas moins due.

GRAINS (circulation des). V. *Permis.*

GRATIFICATION. L. 1844, art. 10. Ordonn. 5 mai 1845. Décr. 4 août 1852. L. 29 déc. 1873, art 25. — Ont droit à la gratification relative aux délits de chasse :

Les gendarmes et leurs sous-officiers;

Les gardes (champêtres et autres);

Les gardes forestiers et leurs brigadiers.

N'y ont pas droit :

Les agents forestiers (par exemple, les gardes généraux);

Les employés des contributions indirectes et les employés d'octroi.

Une seule gratification est due pour chaque amende, quel que soit le nombre des gardes.

La gratification reste due, qu'il y ait transaction ou grâce.

C'est le percepteur qui paye la gratification. (Instr. dir. gén. compt. publ., 28 janv. 1874.)

Ces gratifications paraissent devoir s'éteindre par la prescription de cinq ans. (D. C. ch., art. 10.)

6.

GRATUIT. V. *Cession.*

GRÈBE. — Est classé comme gibier d'eau.

GRENAILLE. V. *Chevrotine.*

GRILLAGE. V. *Entourage, Coupes.* — Un fermier peut-il protéger ses récoltes au moyen de grillages ?

La question est controversée : la décision du tribunal de Melun autorisant les grillages avec portes battantes pour permettre la circulation aux chasseurs, serait peut-être la solution la plus raisonnable.

Quant à obliger les locataires de chasse à se clore par des grillages, c'est excessif, s'ils ne facilitent pas la multiplication du gibier. (V. *Lapins.*)

GRIVE. V. *Tourde.* — Est classée comme un oiseau de passage.

Villequez la considère comme un oiseau nuisible (contr. à Giraudeau). Question controversée de savoir si l'arrêté interdisant la chasse aux petits oiseaux ne s'applique pas aux grives. (Affirm. Giraudeau; nég. Trib. de Strasbourg, 23 juin 1870.)

GROUSE. V. *Gibier.*

GRUE. — Est classée comme gibier d'eau.

GUÉRITE. V. *Hutte.*

GUERRE. — La guerre doit être considérée comme un cas de force majeure, et, par suite, il ne peut être réclamé des dommages-intérêts aux locataires de chasse qui, à cette époque, n'ont pas fait les destructions nécessaires d'animaux nuisibles. (V. Sorel, Leblond; trib. de Beauvais, 9 août 1871, etc. — V. aussi *Permis de chasse.*)

GUEULE. V. *Terrier.*

GYPAÈTE. — Est classé comme oiseau malfaisant.

H

HABITATION. L. 1844, art. 2. V. *Barrière, Cour, Enclos, Entourage.* — Le législateur a laissé à l'appréciation des tribunaux le soin de déterminer les éléments constitutifs de l'habitation au point de vue de l'application de l'art. 2; et il convient à cet égard de tenir compte des circonstances particulières qui leur sont soumises. (D. J. G. *Chasse,* 87 et 89.)

Une des différences avec la définition du C. pénal, art. 390, c'est qu'il faut pour les questions de chasse que la construction soit habitée, au moins de temps à autre, tandis qu'au point de vue du C. pénal, il suffit qu'elle soit destinée à l'habitation.

Ne sont pas considérés comme habitation :

Un pavillon de chasse non destiné à être habité ;

Une cabane en feuillage ou en pierres sèches, construite pour servir d'affût ;

Une construction telle qu'un pressoir, occupé seulement pour certains travaux.

« On ne saurait regarder comme attenant à une habitation un terrain sur lequel se trouve un pavillon de deux pièces superposées l'une à l'autre, construit surtout en vue de servir de poste d'observation au chasseur, alors que le propriétaire ne l'habite qu'accidentellement et sans sa famille, et seulement pendant le temps de la chasse. » (Trib. corr. de Carpentras, 27 déc. 1866. — Contr. Giraudeau.)

HABITANT. V. *Maire.*

HABITUDE (d').V. *Chien divaguant.*

HAIE. V. *Entourage, Terrier*.

HALAGE (chemin de). V. *Canal*.

HALLE. V. *Forain*.

HALBRAN (jeune canard sauvage). V. *Canard*.

HALLALI. V. *Coiffé*.

HAMEÇON. L. 1845, art. 12, 3. — La loi ne punit que le port d'engins réellement propres à prendre du gibier.

Par exemple, un bâton garni de cordonnets en crin pourvus d'hameçons appâtés avec de petits morceaux de viande et destiné à être placé sur un arbre pour y prendre des corbeaux, étant réellement insusceptible de remplir cette destination, sa détention n'entraîne pas l'application de l'art. 12-3°. (Tr. de Mirecourt, 8 mars 1845.)

Obs. Je n'en dirais pas autant des hameçons avec lesquels les braconniers savent très bien prendre les faisans qui viennent au gagnage.

HECTARE. V. *Are*. — Mesure agraire d'une superficie de cent ares.

HERBAGE. V. *Cour, Prairie*. — Si un herbage est clos et est en communication par un passage ouvert avec les autres parties d'une ferme, le propriétaire ne peut pas être considéré comme s'y étant réservé le droit de chasse (sauf réserves). (V. Rouen, 22 mars 1861.)

HÉRITAGE. V. *Terre*.

HERMINE. — Est classée comme animal nuisible et même comme bête fauve.

HÉRON. — Est classé comme gibier d'eau.

HEURE. V. *Ouverture de la chasse, Procès-verbal, Référé*.

HIBOU. V. *Chat-huant.*

HIRONDELLE. —Est classée comme oiseau de passage.

HISTOIRE NATURELLE (cabinet d'). V. *But* scientifique.

HOMME (de main d'). V. *Permis.*

HOPITAL. *Hospice.* — Les hospices, comme tout établissement public, peuvent louer le droit de chasse sur leurs terres, sauf annulation par le préfet dans les trente jours de la notification. (Rouen, 22 févr. 1878.)

HUISSIER. — Officier ministériel chargé de signifier les actes judiciaires et extrajudiciaires, etc.

HUPPE. —Est classée parmi les oiseaux de passage.

HUTTE. V. *Nuit.* L. 1844, 9-12, 2°. — La chasse à hutte est-elle permise la nuit ?

Pour le gibier de mer chassé au moyen de bateaux sur la mer et les étangs salés, de même que par le moyen de l'affût à la hutte sur les bords de la mer ou des étangs salés, il y a controverse, les uns soutenant que la loi de 1844 est générale et absolue (art. 1), les autres que cette loi ne s'est occupée que de la conservation des récoltes et du gibier.

Je serais du dernier avis, d'autant plus volontiers que parmi les agents chargés de constater les délits de chasse, ne sont pas compris les agents de la marine non plus que les douaniers.

Il n'y aurait donc pas lieu de s'occuper de la circonstance de *nuit* dans ces conditions, ni du permis de chasse.

Il n'en est pas de même pour la chasse à la hutte dans les étangs ou marais *d'eau douce.*

On a soutenu (à tort, suivant moi) que les préfets, pouvant fixer le *temps* pendant lequel il serait permis de chasser le gibier d'eau, avaient le droit d'autoriser cette chasse pendant la nuit (*Chasse illustrée*, février 1884). Cette chasse est formellement défendue, et la circonstance de chasse de nuit est une circonstance aggravante (12, 2°).

Il suffit de se reporter à la discussion de la loi (17 avril, 16 mai 1843). Le rapport de Franck-Carré fut la condamnation du système qui proposait de permettre, dans certains cas, la chasse de nuit.

Mais il est permis d'aller se placer dans les huttes ou gabions avant le lever du soleil, pourvu que la chasse ne soit pas commencée avant le jour. (Q. Q., 1re série, p. 75 et 83.)

I

IDENTITÉ. V. *Arrestation.*

ILE. V. *Débordement.*

ILLÉGAL. L. 1884, art. 25. V. aussi *Arrestation.* — La saisie illégale du fusil rend passible d'une action en dommages-intérêts le garde qui l'a opérée.

Décidé toutefois que cette action n'est plus recevable, si elle a été introduite après qu'il est intervenu un jugement correctionnel devenu définitif, qui a condamné le chasseur pour délit de chasse et prononcé la confiscation du fusil. (Grenoble, 11 mars 1879.)

Obs. Cet arrêt, dans sa seconde partie, me paraît discutable ; de même la question de savoir si l'on doit considérer comme en état de *rébellion* celui qui résiste à un acte illégal et irrégulier d'un agent, a été l'objet de nombreuses discussions. Pour la rébellion, la Cour de cassation a décidé que « le particulier ne saurait mettre obstacle à l'exécution des actes de l'autorité, alors même qu'ils sont irréguliers, sauf son recours ultérieur, contre ceux qui en ont la responsabilité ». (V. D. C. pén., 209.)

ILLETTRÉ. V. *Garde forestier* (incompatibilité).

ILLICITE. V. *Délit.*

ILOT. V. *Ile.*

IMMUNITÉ. (C. Instr. cr., 358.) V. aussi *Acquittement.* — L'accusé acquitté pourra obtenir des dommages-intérêts contre ses dénonciateurs, pour fait de calomnie, sans néanmoins que les membres des autorités constituées puissent être ainsi poursuivis à raison des avis qu'ils sont tenus de donner, concernant les délits dont ils ont cru acquérir la connaissance dans l'exercice de leurs fonctions, et sauf contre eux la demande en prise à partie, s'il y a lieu.

IMPOT. V. *Chien.*

IMPRÉVOYANCE. V. *Négligence.*

IMPRÉVU. C. civ., 1835. — En cas de dégâts causés par des animaux domestiques, on ne peut échapper à la responsabilité qu'en justifiant d'un cas fortuit, d'une circonstance de force majeure, ou d'une faute imputable à celui qui a éprouvé le dommage. (D. C. civ.)

IMPRUDENCE. V. *Négligence.*

INALIÉNABLE. V. *Cession.*

INCAPACITÉ. V. *Permis de chasse.*

INCENDIE. V. *Juge de paix*. — Jugé que dans le cas où un incendie détruit en partie le bois taillis dans lequel doit s'exercer le droit de chasse affermé, le preneur peut demander une diminution de loyer. (Tr. de paix de Boos [Seine-Infér.], 17 févr. 1877.)

INCESSIBLE. C. civ., 1717. — La faculté de chasser est-elle personnelle au locataire de la chasse, ou cessible à un tiers ?

Question controversée, mais le système adopté par Dalloz me paraît préférable : « Le preneur peut céder son droit de chasse, à moins que cette faculté ne lui soit interdite, soit expressément, soit implicitement. » (J. G. *Chasse*, 47 et 48.)

INCIDENT. — Contestation accessoire qui survient pendant l'instruction de la cause principale. (Littré.)

INCOMBER. — Être imposé, en parlant d'une charge, d'un devoir. (Littré.)

INCOMMODO. V. *Commodo*.

INCOMPATIBLE. V. *Garde champêtre. Jardinier*.

INCOMPÉTENCE. (C. proc., 168-170.) — Se dit lorsqu'un juge ou un tribunal n'a pas le pouvoir de statuer sur la contestation qui lui est soumise.

Elle est *matérielle* lorsque le tribunal n'est pas institué pour en connaître, par exemple, lorsqu'une affaire civile est soumise à un tribunal de commerce; *personnelle*, lorsque le défendeur est cité devant un autre tribunal que celui qui doit connaître la cause. Ainsi, un tribunal de première instance est bien compétent pour juger toutes les affaires civiles; mais si l'affaire est *personnelle*, elle doit être portée devant le tribunal du domicile du défendeur; si elle est *réelle*, elle doit être portée devant le tribunal du lieu où l'objet litigieux est situé ; si elle est *mixte*, devant le tribunal du domicile du défendeur, ou de la situation de l'objet litigieux.

Si donc, dans l'une de ces trois hypothèses, le défendeur est cité devant un tribunal autre que celui indiqué par la loi, il peut demander son renvoi devant les juges compétents, mais cette *exception*, étant uniquement dans son intérêt, doit être proposée avant toutes autres défenses. (Dict. C.)

Obs. J'ai cité presque en entier ce passage, parce que la compétence est le point de départ de tout procès et la première préoccupation que doit avoir le plaideur avant d'engager une affaire.

INCONNU. V. *Arrestation.*

INDEMNITÉ. V. *Dommages-intérêts.*

INDIGENT. V. *Permis de chasse, Assistance judiciaire, Saisi.*

INDIGNITÉ. V. *Garde champêtre.*

INDISPONIBLE. V. *Garde champêtre.*

INDIVISION. V. *Copropriétaire.* C. civ., 815.

INDU. V. *Quasi-contrat.*

INDUSTRIE. V. *Garde champêtre.*

INÉLIGIBLE. V. *Garde champêtre.*

INFAMANTE. — Peines afflictives et infamantes : la mort, la déportation, la détention, les travaux forcés, la réclusion ; — infamantes : le bannissement et la dégradation civique.

INFECTER. V. *Drogue, Poison.*

INFIRMATIF (arrêt). — Qui rend nul un jugement rendu par un tribunal de premier degré.

INFORMATION.—Instruction ouverte pour rechercher un crime ou un délit.

INFRANCHISSABLE. V. *Entourage.*

INHABITÉ.— V. *Habitation.*

INONDATION. V. *Débordement.*

INSECTE. V. *Fourmi.*

INSIGNE. V. *Garde, Képi.*

INSPECTEUR (de police). V. *Gardien.*

INSTALLATION. V. *Garde forestier.*

INSTIGATEUR. V. *Auteur.*

INSTRUMENT. V. *Engin.*

INSTRUMENTAIRE. V. *Témoin.*

INTENTER (une action). — Faire un procès.

INTENTION. V. *Contravention, Involontaire, Excuse.* — Les délits de chasse « participant du caractère des contraventions de police, punissables malgré le défaut d'intention de la part du délinquant de désobéir à la loi », ne peuvent être excusées ni par l'erreur, ni par la bonne foi. (V. le mot *Contravention.*)

INTERDIT. V. *Permis* (C. civ., 489). — Pour chasser sur les terres d'un interdit, il faut l'autorisation de son tuteur.

INTÉRÊT. V. *Dommage.*

INTERLOCUTOIRE. C. civ., 451.—Jugement ordonnant la production d'une pièce ou tout autre acte, avant qu'il soit statué sur le fond.

INTERRUPTION. V. *Prescription* et *Poursuite.*

INTERVENANT. — Qui prend part à un procès après l'instance engagée.

INTIMÉ. — Le défendeur en appel.

Le demandeur prend le nom d'appelant.

INVITÉ. — Jugé que le propriétaire qui permet de chasser dans ses terres *en temps prohibé*, qui prête ses équipages de chasse et qui même assiste à la chasse, mais seulement comme curieux, ne commet aucun délit ; même décision pour les invités, bien qu'ils aient assisté au lancé et même à la poursuite. (Dijon, 28 nov. 1845. — Angers, 2 mai 1881. — Cass. 28 juill. 1881.)

L'opinion contraire est soutenue. (V. D. P. 82. 1. 185. Note.)

Obs. 1° N'y aurait-il pas une distinction à établir entre les personnes faisant partie de l'équipage qui chasse, celles qui ont le *bouton*, et les simples invités qui accompagnent les chasseurs plutôt qu'ils ne chassent eux-mêmes ? V. *Propriétaire, Responsabilité.*

On peut objecter que si la chasse est faite par une réunion de chasseurs n'ayant pas un équipage régulièrement organisé, il sera difficile de distinguer les simples invités des chasseurs ayant droit au bouton.

Dans ce cas, on pourrait considérer comme chasseurs tous ceux qui font acte de chasse, soit en remettant les chiens sur la voie, soit en donnant du cor (soit tout autre acte indiquant une part active à la chasse) ; mais ce n'est pas prendre une part active à la chasse que d'assister au lancé ou à l'hallali.

Enfin, il ne faut pas oublier que pour la chasse à courre, le permis de chasse est obligatoire pour les chasseurs et le piqueur. (V. *Chasse à courre.*)

Obs. 2° Il ne faut pas oublier que la bonne foi n'étant pas admise par la jurisprudence actuelle, la responsabilité, pénale (et même civile dans certains cas) retombe sur tous les chasseurs, et par chasseurs je n'entends pas les simples invités non coopérant à la chasse d'une manière active.

« Jugé que les individus qui répondent à une invitation de chasse en assument toutes les conséquences pénales et ne sont pas recevables, en cas de poursuite, à exciper de leur bonne foi ; c'est à eux de s'assurer que le chasseur qui la dirige a le droit de chasser sur les terres où il les conduit, et que toutes les précautions ont été prises pour les mettre à l'abri d'un délit. » (C. cass., 15 déc. 1870.)

Cette responsabilité comprend aussi bien la chasse à tir que la chasse à courre. (V. au mot *Responsabilité*, pour la responsabilité civile.)

INVOLONTAIRE. — Si la bonne foi n'est pas une excuse, faut-il au moins que le fait ait été librement et volontairement exécuté. (D. J. G., *Chasse*, 352.)

Pour le transport, V. *Envoi*.

Pour le gibier tué par accident (par un faucheur, par un cultivateur, emportant le gibier tué par un chien étranger). La Cour de Limoges (27 septembre 1860) avait condamné le faucheur ; la Cour de Rouen n'a pas admis, pour le cultivateur, cette jurisprudence (12 nov. 1880).

Obs. C'est un acte *spontané* dans lequel il n'y a pas tous les éléments de la chasse. (Il est vrai que la Cour de cassation est d'un avis contraire sur la réunion nécessaire des trois éléments de l'acte de chasse.) Tirer occasionnellement sur un lièvre qui se présente devant une maison sans qu'on l'ait cherché ni poursuivi, ce n'est pas un délit de chasse. (Bordeaux, 20 mars 1844.)

De même, de la part d'un passant, saisir à la main, sur un chemin public, un lièvre qui avait été blessé mortellement par un chasseur, ce serait un vol s'il y avait intention frauduleuse, mais non un délit de chasse. (Boulogne, 26 nov. 1862.)

Dans une battue, si un chasseur tue, par exemple, un chevreuil, croyant tirer un loup, il y a lieu d'examiner si c'est volontairement que l'acte a été commis. (Cass., 16 nov. 1866.)

J

JARDIN. V. *Chasseur*. — En cas de silence du bail sur le droit de chasse, ce droit reste-t-il au bailleur?

Cette question, très controversée, ne doit-elle pas être interprétée suivant les circonstances de fait et aussi d'après les précédents ?

Un cultivateur loue une ferme dans le but principal de récolter les fruits du fonds affermé; la chasse n'est qu'un accessoire dont l'importance peut varier suivant les localités. Si dans le silence du bail, le fermier avait le droit de chasse, ce serait peut-être une charge pour lui, et, d'autre part, si la chasse sur le fonds affermé était un véritable produit, le prix du bail aurait été élevé en conséquence.

Est-ce comme propriété d'agrément qu'une maison de campagne avec jardin ou parc a été louée? Ici, la question change, et le locataire doit jouir du droit de chasse, du moment qu'aucune réserve n'est faite dans le bail, car son but principal a été de profiter de tous les agréments de la chose louée.

JARDINIER. — Un jardinier peut-il être en même temps garde des propriétés de son maître, ou, en général, y a-t-il incompatibilité entre les fonctions de garde particulier et celle de serviteur à gages ?

« Cette question, dit Dalloz, n'a jamais été soumise aux tribunaux. »

Le garde n'est-il pas un serviteur à gages comme les autres serviteurs? Cette dernière question a été jugée dans les deux sens.

Je me rallierais de préférence au système qui admet « que l'incompatibilité doit être restreinte à l'état de *domestique*, ce mot étant pris dans le sens d'un individu attaché au service de la personne du maître ». (V. Giraudeau, Lelièvre et Soudée, *Chasse*, n° 1469.)

JOUISSANCE. V. *Juge de paix.* — (C. civ., 1728-1729.) — Il y a lieu à résiliation du bail, lorsque le locataire n'use point de la chose louée *en bon père de famille*, et qu'il en résulte un dommage pour le bailleur.

JOUR. V. *Nuit, Date, Ouverture* (de la chasse).

JOUR DE FÊTE. V. *Référé.*

JUDICIAIRE (assistance). V. aussi *Témoin.* — Loi du 30 janv. 1851. — C. instr. crim., 294. — Au *civil*, pour obtenir l'assistance judiciaire, c'est-à-dire être dispensé *provisoirement* du payement des frais et honoraires, il faut faire une demande sur papier libre au procureur de la République et joindre à cette demande : 1° un extrait du rôle de ses contributions ou un certificat du percepteur de son domicile attestant qu'on n'est pas imposé; — 2° une déclaration attestant qu'on est, à raison de son indigence, dans l'impossibilité d'exercer ses droits en justice, et contenant l'énumération de ses moyens d'existence, quels qu'ils soient.

Le maire doit constater au bas de cette déclaration que le réclamant a affirmé la sincérité de sa déclaration.

« Il est important de remarquer que la loi s'applique à l'indigence *relative* et non à l'indigence *absolue*. » (Dict. C.)

Au *criminel* et au *correctionnel* un avocat est nommé d'office si l'accusé ou le délinquant n'a pas fait de choix.

La désignation d'un avocat est obligatoire en Cour d'assises, facultative en correctionnelle.

JUGE. V. *Tribunal de 1re instance*.

JUGE DE PAIX. — L. 2 mai 1855. — C. pr. civ., 1-47.—C. instr. crim., 137-178. — Ce magistrat remplit trois sortes de fonctions :

Comme *conciliateur*. (V. *Conciliation*.)

Comme *juge* (soit par jugement définitif, soit par jugement susceptible d'appel), il connaît des affaires purement personnelles ou mobilières, en dernier ressort, jusqu'à la valeur de 100 francs, et, à charge d'appel, jusqu'à la valeur de 200 francs.

Il prononce sans appel jusqu'à la valeur de 100 francs, et, à charge d'appel, jusqu'au taux de la compétence en dernier ressort des tribunaux de 1re instance (1,500 francs) : sur les contestations

entre hôteliers et voyageurs ou locataires en garni;
entre voituriers et voyageurs pour retards, etc.;
entre voyageurs et carrossiers et autres ouvriers,
pour fournitures, réparations aux voitures de
voyage.

Il connaît sans appel, jusqu'à la valeur de 100 francs,
et, à charge d'appel, à quelque valeur que la demande
puisse s'élever : des actions en payement de loyers
ou fermages, des demandes en résiliation de baux,
fondées sur le seul défaut de payement des loyers ou
des fermages, — des expulsions de lieux et des
demandes de *saisie-gagerie* (saisie des effets et fruits
dans les bâtiments du propriétaire ou sur ses terres);
— le tout lorsque les locations verbales ou par écrit
n'excèdent pas 400 francs.

Il connaît sans appel jusqu'à 100 francs, et, à
charge d'appel, jusqu'à 1.500 francs des indemnités
réclamées par le locataire ou fermier pour non-jouis-
sance provenant du fait du propriétaire, lorsque le
droit à une indemnité n'est pas contesté; — des dégra-
dations et pertes dont les locataires sont responsables. (C. civ., 1732, 1735.) — (Pour les incendies et
inondations, 100 francs; et en appel, 200 francs.)

Il connaît sans appel jusqu'à 100 francs, et à
charge d'appel, à quelque valeur que la demande
s'élève, des actions pour dommages faits aux champs,
fruits et récoltes, soit par l'homme, soit par les
animaux, élagage des arbres, curage, etc., lorsque les
droits de propriété ou de servitude ne sont pas con-
testés; — réparations locatives à la charge des locataires; — journées de travail et gages, des actions

civiles pour diffamations verbales, injures (sauf celles par la voie de la presse) et pour rixes et voies de fait ; — le tout lorsque les parties ne se sont pas pourvues par la voie criminelle.

Il connaît à charge d'appel des entreprises commises, dans l'année, sur les cours d'eau servant à l'irrigation (usines, moulins) ; — actions *possessoires* (actions ayant pour but de maintenir sa *possession* ou de s'y faire réintégrer, en opposition aux actions au *pétitoire* qui ont la *propriété* pour but) ; — des actions en bornage, distance des plantations, constructions (telles que puits, fosses d'aisances, cheminées) ; — des demandes en pension alimentaire n'excédant pas 150 francs par an (entre parents et enfants). — Comme juge de simple police, le juge de paix punit les contraventions passibles de peines inférieures à 16 francs et six jours de prison.

Au-dessus de 16 francs ou de six jours, l'appel est recevable dans les dix jours de la signification.

Enfin, le juge de paix a des fonctions extrajudiciaires (conseils de famille, scellés après décès ou faillite, actes d'adoption, tutelle officieuse, émancipation, assistance à l'inventaire des *absents*, ouverture des portes en cas de saisie, présidence de l'assemblée électorale des ouvriers pour la nomination des membres des conseils de prud'hommes, etc.).

Il est officier de police auxiliaire du procureur de la République pour la recherche et la constatation des crimes et délits. (Abrégé du Dict. C.)

Quant à la compétence, voyez le mot *Incompétence*.

JUGEMENT. V. *Référé*.

K

KÉPI. V. *Garde*. — Le képi est facultatif comme insigne : seule la plaque portée au bras (avec les mots *La Loi*) est obligatoire.

L

LABOURÉE (terre). V. *Blé*.

LAC. V. *Hutte*.

LACET. V. *Collet, Alouette*. — Le permis de chasse est nécessaire pour la chasse des alouettes avec des lacets garnis de crins. (Pour cette chasse, il faut un arrêté du préfet.)

LAIE. V. *Coiffé*.

LAISSÉES. V. *Fumées*.

LAMBEAU. — Arracher à des chiens les lambeaux d'un gibier qu'ils ont pris, ce n'est pas faire acte de chasse. (Cass., 18 février 1865.)

LANTERNE. V. *Feu*. — L. 1844, art. 16. — Employée pour éclairer la marche des chasseurs, ou comme moyen de chasse, n'est qu'un simple moyen de chasse et ne peut être confisquée.

LAPIN. — L. 1844, art. 9; 3°, C. civ., 1382, 1383. — V. aussi *Guerre, Riverain*. — Le lapin est classé parmi les animaux nuisibles, ce qui permet de le détruire en se conformant aux arrêtés pris par les préfets.

Obs. Les dégâts causés par les lapins sont devenus une source de procès.

Quelle doit être la responsabilité des propriétaires et locataires de chasses ?

Sans vouloir entrer dans l'examen de la jurisprudence très variée en cette matière, on peut cependant étudier les principes sur lesquels doivent s'appuyer, pour être acceptées, les demandes en dommages-intérêts.

Tout d'abord les riverains n'ont pas le droit d'exiger la destruction *totale* des lapins, sinon ce serait la suppression de la chasse, qui est un produit naturel d'une propriété.

Cette destruction ne peut être que partielle et faite de telle sorte que la quantité de gibier reste dans les proportions normales.

Il y a responsabilité des propriétaires ou locataires de la chasse s'ils attirent le lapin dans leurs bois, s'ils veulent l'y retenir ou s'ils en favorisent la multiplication.

Mais lorsqu'il n'est pas discuté qu'ils ont pris les mesures nécessaires pour détruire suffisamment le lapin, soit par des battues, soit par le défoncement des terriers, soit par l'enlèvement des ronces et fourrés, soit enfin par l'autorisation donnée aux riverains de détruire, leur responsabilité est couverte.

Il est de toute justice de protéger l'agriculture, mais cette protection ne doit pas venir en aide à la fraude.

Or, souvent on voit des riverains semer (ou faire semblant de semer) des graines dont ils savent le gibier friand, dans le seul but de réclamer des indemnités de la part des propriétaires des chasses. Cependant ils n'ignorent pas que le voisinage des bois a ses inconvénients naturels, et, du reste, les locations sont faites en conséquence. (V. *Riverain.*)

Les propriétaires des chasses ne devraient pas être responsables des inconvénients de ce voisinage, du moment qu'ils auraient fait le nécessaire pour ne pas augmenter la quantité normale du gibier dans leur bois, ce que n'admettent pas certains juges de paix dont la jurisprudence est combattue, du reste, par de nombreux tribunaux, sans compter la Cour de cassation.

En admettant même que certaines cultures puissent être faites en bordure des bois, il faudrait au moins exiger trois expertises pour constater les dégâts : la première, au moment des semences; la deuxième, pendant la préparation de la récolte; la troisième, au moment de la récolte, de sorte qu'il soit bien établi que la culture a été faite sérieusement et qu'elle a réussi, ou aurait réussi sans les dévastations causées par les lapins.

La question doit être examinée aussi à un autre point de vue. Un propriétaire qui loue le droit de chasse peut-il exiger, de la part du locataire, une destruction complète, sous prétexte que les lapins détériorent les bois? La réponse sera la même. Tant que le gibier ne se multiplie pas en dehors des proportions ordinaires, le propriétaire ne peut pas se plaindre, car pour louer une chasse, il faut bien admettre qu'elle soit fournie de gibier. Mais il pourrait se plaindre à bon droit si le locataire augmentait la quantité du gibier, soit en facilitant la reproduction, soit en ne prenant pas les mesures nécessaires pour arrêter la multiplication.

Voici un jugement du tribunal de Melun, qui confirme cette manière de voir :

« Considérant que les intimés ne sauraient prétendre qu'il soit jamais rentré dans les obligations ordinaires d'un locataire du droit de chasse de détruire complètement le gibier, et par suite les lapins qui ont été l'objet de la location ; qu'il ne peut y avoir de chasse sans gibier, ni par suite de location de chasse... »

Pour la chasse en temps prohibé, V. *Loup, in fine*.

Pour les cas de force majeure (par exemple, en cas de guerre), V. le mot *Guerre*.

LAPINS (forêts de l'État).

Art. 21 (Cahier de charges, 6 oct. 1880) :

« Le service des forêts se réserve la faculté de poursuivre la destruction des lapins quand il le jugera convenable, en tout temps et par tous les moyens, sauf par l'emploi du fusil. L'adjudicataire n'a aucun droit sur les lapins tués ou pris dans ces conditions.

« L'introduction du lapin sur le sol forestier est formellement interdite. »

LARVE. V. *Fourmi*.

LEÇON. V. *Dressage*.

LÉGALISATION. — Attestation par laquelle un fonctionnaire certifie la vérité d'une signature apposée au bas d'un acte. (Littré.)

LÉSER. — Causer un dommage.

LEVANT. V. *Nuit*.

LEVÉE. V. *Rejet*.

LEVRAUT. V. *Faon*.

LIBÉRATION. V. *Quittance.*

LIBERTÉ provisoire. V. *Mandat.* — (L. du 14 juillet 1865.) — Au cours de l'instruction, le juge d'instruction (le ministère public entendu dans ses conclusions) peut ordonner la mise en liberté provisoire dans toute affaire.

En matière correctionnelle, la mise en liberté provisoire est de droit, cinq jours après l'interrogatoire, en faveur du prévenu domicilié, quand le maximum de la peine qui peut être prononcée est inférieur à deux ans de prison (à moins qu'il ne soit en état de récidive).

Quand la mise en liberté n'est pas de droit, elle peut être accordée à la condition d'un cautionnement.

LICENCE. V. *Adjudication.*

LICITATION. — Vente aux enchères d'une chose indivise.

LIEUTENANT de gendarmerie. V. *Collet, Loup, in fine.*

LIEUTENANT de louveterie. V. *Loup.* — Les lieutenants de louveterie, appelés aussi officiers de louveterie, ou louvetiers, sont nommés par le préfet (Décr. 25 mars 1852) sur l'avis du conservateur des forêts.

Ils exercent leurs fonctions dans leurs circonscriptions respectives, sans pouvoir dépasser ces limites.

Comme service extérieur : 1° ils font des chasses particulières au loup; 2° ils tendent des pièges contre les loups et autres animaux nuisibles; 3° ils commandent les battues ordonnées ou autorisées par les préfets.

Comme service intérieur, ils ont des rapports et états divers à faire pour le préfet et l'administration forestière.

Ils ont le privilège d'être dispensés du permis de chasse, ainsi que leur piqueur, qu'il s'agisse de chasser le loup ou le sanglier, ou de faire des battues.

Certains auteurs sont d'un avis différent et n'admettent cette dispense que pour la chasse au loup (ce qui rendrait la dispense à peu près inutile).

Ils ont encore le privilège de chasser à courre le sanglier deux fois par mois dans les forêts de l'État et de porter un uniforme.

Une controverse est née sur la question de savoir si le louvetier a le droit, dans sa circonscription, de chasser officiellement d'autres animaux nuisibles que le loup.

La Cour de cassation (18 janv. 1879) et de nombreux auteurs décident que la chasse officielle, c'est-à-dire, sans l'autorisation du préfet, n'a rapport qu'au loup.

Et même pour cette chasse, le louvetier doit provoquer l'intervention et la surveillance de l'administration forestière. Le garde forestier doit être présent : en conséquence la chasse devient délictueuse, lorsque le garde forestier est absent ou se retire.

Il ne faut pas oublier non plus que le garde forestier n'a qualité pour assister le louvetier que dans le ressort des tribunaux au greffe desquels il a fait enregistrer sa commission.

Pour le droit de suite en dehors de sa circonscription, le louvetier rentre dans le droit commun, suivant les uns ; il peut, au contraire, poursuivre, suivant les autres. Je serais pour la première opinion, d'autant plus que le louvetier peut demander l'assistance de son collègue voisin qui, lui, aurait le droit de continuer la chasse.

Remarque. — La chasse au loup ne peut être pratiquée que dans les propriétés ouvertes.

L'autorisation du propriétaire n'est pas nécessaire (Tr. Château-Chinon, 24 sept. 1887), mais il est convenable de le prévenir.

Il ne faut pas oublier que le louvetier ne peut découpler que dans le temps où la chasse à courre est ouverte (sauf autorisation du préfet. — V. le mot *Loup*).

« Lorsque la chasse à courre est fermée, il est interdit de découpler l'équipage ; le loup est attaqué à *trait de limier*, et on le tire quand il franchit l'enceinte. » — (Ordonn. 20 août 1814, art. 9.)

Pièges. — Le louvetier peut faire tendre des pièges dans toute sa circonscription sur les propriétés ouvertes, à la condition de prendre les précautions d'usage.

Quant au poison, faut-il l'autorisation du préfet ? La question est discutée ; l'art. 9 ne parlant que de pièges, il me semble que l'autorisation serait nécessaire. — (V. au mot *Loup* la loi municipale du 5 avril 1884.)

LIÈVRE. V. *Bête, Négligence, Gibier.*

LIMIER. V. *Chien.*

LIMITE. V. *Bornage.*

LINOTTE. — N'est pas un oiseau de passage.

LITIGE. — Contestation en justice.

LOCATAIRE. V. *Bail, Jardin.*

LOGEMENT. V. *Habitation.*

LOGEMENT. V. *Manœuvres (grandes).*

LOI (sur la chasse). V. *Chasse* et le texte au commencement du livre.

LOPIN de terre. V. *Passage.* — Le peu d'étendue d'une terre n'empêche pas celui qui y chasse sans permission de commettre un délit. (C. cass., 25 avril 1828.)

LOT. (Cahier de charges, 6 oct. 1880, art. 5.) —*Forêts de l'État.* — Le droit de chasse à tir et le droit de chasse à courre pourront être adjugés séparément et à des personnes différentes dans une même forêt... Dans le cas où le droit de chasse à courre et le droit de chasse à tir sur le même lot sont loués séparément, les adjudications sont définitives en ce qui concerne le droit de chasse à tir.

En ce qui concerne la chasse à courre, si la demande en est faite séance tenante, par un des preneurs des lots, les divers lots adjugés ou non adjugés d'une même forêt pourront être remis en adjudication en bloc, aux enchères.

LOUEUR de voiture. V. *Complice.*

LOUP. V. *Lieutenant de louveterie, Négligence.*

LOUVETIER, LOUVETERIE. V. *Lieutenant.* — Une proposition fut présentée le 24 mars 1877 pour abolir l'institution de la louveterie.

Cette proposition n'a pas été acceptée lorsqu'elle fut présentée de nouveau le 6 déc. 1881, mais, par l'art. 90-9° de la loi municipale du 5 avril 1884, « il a été créé, à côté de la législation antérieure, une législation nouvelle, qui en diffère considérablement et qui tend à paralyser, dans la pratique, l'application de la première ». (D. *Louveterie*, 7ᵉ App., 12.)

Le maire, sous le contrôle du conseil municipal et la surveillance du sous-préfet, (sauf annulation ou suspension par le préfet), peut prendre des arrêtés pour la destruction : 1º des animaux déclarés nuisibles par le préfet ; 2º des loups et des sangliers.

Pour la première catégorie, l'arrêté peut être pris en tout temps, mais n'est obligatoire qu'après publication ou notification individuelle.

Les personnes appelées à ces battues ne sont pas obligées d'avoir un permis de chasse.

Le maire n'est pas, comme le lieutenant de louveterie, dans la nécessité de convoquer l'administration forestière : c'est lui qui surveille la battue comme officier de police judiciaire (sauf délégation).

« Mais le maire ne peut prendre les mesures dont il s'agit que de concert avec les propriétaires ou les détenteurs du droit de chasse, dans les buissons, bois et forêts. » (D. *id.*, 31.)

Pour la deuxième catégorie (loups et sangliers), la destruction ne peut être ordonnée qu'en temps de neige, à défaut des détenteurs du droit de chasse, à ce *dûment* (V. ce mot) invités ; et le maire requiert les habitants avec armes et chiens propres à cette chasse. (Refus d'obéir à la réquisition. V. le mot *Battue*.)

Il ne faut pas confondre ces battues avec celles qui peuvent être ordonnées par les préfets (Arrêté du 19 pluviôse an V [7 février 1797]), ou par les sous-préfets (Décret du 13 avril 1861), sur la demande des agents forestiers ou des maires, ou des louvetiers, ou des simples particuliers : celles-ci sont *collectives* ou *individuelles*.

Collectives. — En cas de refus du préfet, on peut s'adresser au ministre de l'intérieur. En cas de refus du sous-préfet, au préfet.

Les préfets seuls peuvent ordonner ces battues, sous la direction d'un agent forestier ; les sous-préfets ne peuvent que les autoriser sur une demande formelle. (Leblond, Puton ; *contrà :* Giraudeau.) — V. *Lieutenant* de louveterie, pour l'organisation de ces battues.

Individuelles. — Les préfets seuls peuvent donner ces autorisations (conformément à l'art. 5 du 19 pluv. an V), grâce auxquelles les particuliers qui ont équipage et autres moyens pour la chasse des animaux nuisibles peuvent s'y livrer sous l'inspection et la surveillance des agents forestiers.

Enfin, l'Administration peut autoriser, par le même article, un propriétaire à chasser les animaux nuisibles sur ses propres terres, en temps prohibé.

« L'individu autorisé par le préfet à faire, pendant la fermeture de la chasse, une battue par semaine avec fusil et chiens pour la destruction des lapins et des renards, à la condition de prévenir trois jours à l'avance le maire et le lieutenant de gendarmerie, doit, s'il ne remplit pas cette condition, être considéré comme n'étant pas autorisé, et, par suite, comme ayant chassé en temps prohibé. » (Trib. corr. Rouen, 27 avril 1881.) V. *Filet*.

LUMIÈRE. V. *Feu*.

LUZERNE. V. *Couvert.*

M

MACREUSE. V. *Hutte.*

MAILLE. V. *Filet.*

MAIN (de main d'homme). V. *Permis.*

MAIRE. V. *Loup* (battue). L. 1844, art. 22. — Les maires et adjoints ont qualité pour verbaliser dans toute l'étendue de leur commune, — même pour toutes les contraventions forestières (C. for., 160), — et les délits dans les bois non soumis au régime forestier (C. for., 188).

Les habitants d'une commune qui ont pris part à une battue illégalement prescrite par le maire peuvent être condamnés pour délit de chasse sur le terrain d'autrui et ne sont pas recevables à soutenir, pour se soustraire à la répression encourue, qu'ils n'ont fait qu'obtempérer aux réquisitions de l'autorité municipale. (Trib. corr. Langres, 25 mars 1855.)

Obs. Cette jurisprudence étant admise, si les habitants refusent d'obtempérer aux ordres du maire, ils sont passibles de l'art. 475, 15°, du C. pén. (V. *Battues*); s'ils y obtempèrent, ils seront condamnés comme coauteurs. (V. Q. Q. 3ᵉ série.)

La Cour de cassation (12 juin 1886) fait une distinction entre la *réquisition* et l'*invitation*. En cas de réquisition, les habitants échappent à toute répression ; en cas d'invitation, ils peuvent être poursuivis (ce qui est plus équitable).

MAISON. V. *Habitation.*

MAITRE. V. *Responsabilité.*

MAJEUR. V. *Permis de chasse.*

MALADRESSE. V. *Négligence.*

MALFAISANT. V. *Nuisible.*, p. 185.

MALHEUREUX. V. *Assistance judiciaire.*

MANDAT, Mandataire, Mandant. (C. civ., 1984-2010.) — Le mandat ou procuration est l'acte par lequel une personne (le mandant) donne à une autre (le mandataire) le pouvoir de faire quelque chose pour elle et en son nom. (Dict. C.)

Le mandat donné à une personne pour en représenter une autre en justice de paix doit être écrit. (C. cass., 21 juill. 1886. — V. Q. Q. 3ᵉ série, p. 61.)

MANDAT d'amener. (C. I. cr., 91 et suiv.) — Ordonnance du juge d'instruction qui prescrit aux agents de la force publique d'amener devant lui, de gré ou de force, un individu pour l'interroger sur les faits dont il est incriminé. (Dict. C.)

MANDAT d'arrêt. (I. cr., 91 et suiv.) — Ordonnance par laquelle le juge d'instruction, après avoir interrogé un individu inculpé d'un fait emportant peine afflictive ou infamante, ou emprisonnement correctionnel, et sur les conclusions du ministère public, prescrit de le retenir dans la maison d'arrêt jusqu'à nouvel ordre. (Dict. C.)

MANDAT de comparution. (I. cr., 91 et suiv.) — Ordonnance par laquelle le juge d'instruction prescrit qu'une personne inculpée d'un délit comparaîtra devant lui à jour et heure déterminés. Si l'inculpé fait défaut, le magistrat instructeur lance contre lui un mandat d'amener. (Dict. C.)

MANDAT de dépôt. (C. I. cr., 91 et suiv.) — Ordonnance par laquelle le juge d'instruction prescrit de détenir jusqu'à nouvel ordre un individu sur qui pèsent des charges qu'un premier interrogatoire n'a pas réussi à dissiper. (V. *Liberté provisoire*.)

MANNEQUIN. V. *Banderole* et *Charrette*. (L. 1844, art. 12.) — On ne doit pas regarder comme des engins prohibés des mannequins ou autres épouvantails.

MANŒUVRES (grandes). — *Logement et cantonnement*. — Les troupes sont responsables des dégâts et dommages occasionnés par elles dans leurs logements ou cantonnements. Les habitants qui auraient à se plaindre à cet égard doivent adresser leurs réclamations, par l'intermédiaire de la municipalité, au commandant de la troupe.

Ces réclamations doivent être adressées et les dégâts constatés, à peine de déchéance, *trois heures au plus tard* après le départ de la troupe. Un officier est laissé, à cet effet, par le commandant de la troupe.

Dans les trois jours de la proposition de la commission, les décisions de l'autorité militaire sont adressées au maire et notifiées par lui à chacun des intéressés, dans les vingt-quatre heures de la réception.

Dans un délai de quinze jours, ceux-ci doivent faire connaître au maire s'ils acceptent ou refusent l'allocation qui leur est faite. Passé ce délai, les allocations sont considérées comme définitives. Le refus sera motivé et indiquera la somme réclamée.

En cas de non-conciliation, l'affaire est portée, soit devant le juge de paix du canton, soit devant le tribunal de l'instance, suivant l'importance de la somme.

Grandes manœuvres. — Les indemnités qui peuvent être allouées en cas de dommages causés aux propriétés privées par le passage ou le stationnement des troupes dans les marches, manœuvres et opérations d'ensemble doivent, à peine de déchéance, être réclamées, à la mairie de la commune, *dans les trois jours* qui suivront le passage ou le départ des troupes.

Une commission attachée à chaque corps d'armée, ou fraction de corps d'armée, procède à l'évaluation des dommages. Si cette évaluation est acceptée, le montant de la somme fixée est payé sur-le-champ.

En cas de désaccord, la contestation est introduite et jugée comme il est dit plus haut.

Le maire de la commune dont le territoire peut être occupé ou traversé pendant les grandes manœuvres en est informé trois semaines au moins à l'avance. Il invite aussitôt les propriétaires de vignes ou de terrains ensemencés ou non récoltés à les indiquer par un signe apparent.

Ces dispositions s'appliquent non seulement aux règlements d'indemnités dues pour les dégâts occasionnés pendant les grandes manœuvres d'automne, mais aussi à tous ceux résultant du passage d'une troupe, *quelle que soit l'époque de l'année.*

Nous ne saurions trop engager nos lecteurs à bien se pénétrer des renseignements qui précèdent. Ils s'éviteront ainsi de nombreux ennuis qui se renouvellent chaque année pour les propriétaires. Qu'ils ne négligent pas surtout d'indiquer d'une façon très apparente les terrains susceptibles d'être endommagés par le passage des troupes, car ces terrains sont respectés alors dans la limite du possible.

Quant aux troupes, elles doivent toujours remettre en état les terres non ensemencées sur lesquelles elles ont exécuté des travaux de campagne ou des installations de bivouac.

(*XIXe Siècle*, n° du 5 juin 1889.)

MANŒUVRE frauduleuse, V. *Permis*. (C. pén., 405.) — Un des éléments constitutifs de l'escroquerie.

MARAIS. V. *Hutte*.

MARCASSIN. V. *Coiffé*.

MARCHAND de gibier. V. *Aubergiste, Forain*.

MARCHANDISE. (C. pén., 408.) — Quiconque aura détourné... des effets, deniers, marchandises, etc., qui ne lui avaient été remis qu'à titre de dépôt, etc.. commet un abus de confiance.

MARCHÉ. V. *Forain*.

MARE, MARÉCAGE. V. *Hutte*.

MARÉCHAUSSÉE. V. *Gendarme*. — A été remplacée par la gendarmerie.

MARI (autorisation). V. *Permis de chasse*.

MARIN. V. *Compétence*.

MARINE (agent de la). V. *Hutte*.

MARTEAU. V. *Garde forestier*.

MARTIN-PÊCHEUR. — Est classé dans le gibier d'eau.

MASQUÉ. V. *Arrestation*.

MATÉRIELLE. V. *Incompétence*.

MATIN. V. *Nuit*.

MATURITÉ. V. *Blé*.

MAXIMUM. — La peine sera portée au maximum

lorsque les délits prévus par les art. 11 et 12 L. 1844 (Délits de chasse) auront été commis par les gardes champêtres ou forestiers des communes, ainsi que les gardes forestiers de l'État et des établissements publics.

MÉFAIT. V. *Délit.*

MÉMOIRE. V. *Conseil de préfecture, Quittance.* — Devant les conseils de préfecture, avant le décret du 20 déc. 1882, les justiciables ne pouvaient exposer leurs moyens de défense que par écrit; les séances n'étaient pas publiques. Aujourd'hui elles le sont, et les parties sont admises à présenter leurs observations de vive voix, soit elles-mêmes, soit par l'intermédiaire d'avocats ou de tout autre mandataire. (Dict. C.)

MENACE. V. *Arrestation, Permis de chasse.*

MENDIANT. V. *Permis de chasse.*

MENTION. V. *Procès-verbal.*

MER. V. *Hutte, Plage.*

MERLE. V. *Volière.* — Est classé parmi les oiseaux nuisibles. L'arrêté interdisant la chasse aux petits oiseaux ne s'applique pas aux merles. (Giraudeau.)

MESSAGER. V. *Envoi.*

MESURAGE. V. *Bornage.*

MESURE. V. *Hectare, Arpent, Mètre.*

MÉTAYER. V. *Colon.*

MÈTRE. — Unité fondamentale des nouvelles mesures, qui équivaut à trois pieds onze lignes et demie des anciennes mesures. (Littré.)

MEUTE. V. *Chasse, Chien.*

MILAN. — Est classé parmi les oiseaux nuisibles.

MILITAIRE. V. *Compétence.*

MINEUR. V. *Permis de chasse.* — Il faut l'autorisation du tuteur pour chasser sur les terres d'un mineur.

MINIMA (à). — L'appel *à minimâ* est interjeté par le ministère public, lorsqu'il trouve que la peine prononcée par le tribunal correctionnel n'est pas suffisante.

MINISTÈRE DE LA GUERRE. V. *Glacis.*

MINISTÈRE PUBLIC. — Magistrature amovible, établie près des cours et tribunaux, pour y veiller au maintien de l'ordre public et y requérir l'application et l'exécution des lois.

L'ensemble des magistrats qui composent le ministère public s'appelle *Parquet.* (Dict. C.)

MINISTRE. V. *Conseil de préfecture, Loup* (battues), *Gibier.*

MINUTE. — Original des actes notariés.

MIROIR. V. *Alouette.*

MISE EN DÉFENSE. V. *Montagne.*

MITOYENNETÉ. V. *Rejet, Terrier.* (C. civ., 653-673.) — Copropriété par portions indivises d'un objet intermédiaire (mur, haie, fossé), servant de séparation entre deux propriétés contiguës. (Dict. C.)

MIXTE (contestation). V. *Incompétence.*

MOBILE. V. *Trappe.*

MOBILISATION. V. *Garde champêtre.*

MODE. V. *Chasse.* — Pour être licite, la chasse doit avoir lieu par les modes ou moyens que la loi autorise. (D. J. G., *Chasse,* 62.)

MOINEAU. — Fait acte de chasse celui qui tire sur des petits oiseaux. (C. cass., 24 sept. 1847.)

MOISSON. V. *Blé.*

MOISSONNEUR. V. *Involontaire.*

MONTAGNE. L. 28 juill. 1860. L. 8 juin 1864. — La mise en défense a notamment pour effet de défendre la chasse sur les terrains forestiers ou communaux destinés au reboisement et au gazonnement.

MORT. V. *Achever, Coiffé, Collet.* — D'après l'opinion la plus accréditée, la chasse finit par la capture ou la mort du gibier, et il y a lieu d'assimiler à la capture la blessure mortelle. (D. J. G., *Chasse*, 239.)

En conséquence, ne fait pas acte de chasse sur le terrain d'autrui... le chasseur qui se borne à ramasser sur le terrain d'autrui, où elle est tombée morte, une pièce de gibier tirée sur son propre terrain. (Cass., 28 août 1868.)

MORTELLEMENT. V. *Mort.*

MOYEN. V. *Mode, Chasse, Collet.*

MUE. V. *Faisan.*

MULTIPLICATION. V. *Lapin.*

MUNICIPAL. V. *Conseil.*

MUNICIPAL (garde). V. *Gendarme.*

MUNITION. V. *Chevrotine, Permis de chasse.*

MUR. V. *Mitoyenneté, Entourage, Parc.*

MÛR. V. *Blé.*

N

NAPPE. — Lorsqu'un procédé de chasse à l'aide d'un filet ou engin prohibé, tel que les filets à petites mailles dits *nappe*, a été exceptionnellement autorisé par le préfet pour la chasse des oiseaux de passage, le propriétaire d'un enclos ne peut continuer à faire usage de ce procédé en dehors de l'époque fixée pour cette chasse, sans encourir les peines de l'art. 12. (Aix, 4 nov. 1867.)

NATUREL. V. *Responsabilité.*

NAVIGABLE. V. *Canal.*

NÉGLIGENCE. V. *Lapin, Riverain.* C. civ., 1382-1383. L. 1844, art. 28. — Le propriétaire d'un bois autre qu'une garenne n'est responsable des dégâts causés par les lapins qui habitent ce bois ou qui s'y rassemblent, que s'il y a eu de sa part faute, négligence ou imprudence. (Cass., 4 déc. 1867. — 11 août 1874, etc.)

De même pour les cerfs et chevreuils. (Cass., 15 janv. 1872.)

De même pour les sangliers. (Trib. de Dreux, 29 mars 1882.)

De même pour les *lièvres.* Suivant les uns, on n'est pas responsable, dans ce cas-là, « à moins qu'on n'ait attiré ou fait lâcher dans son domaine une certaine quantité de lièvres, et qu'on refuse de les détruire, malgré les réclamations des voisins ». (Sorel, t. II, n° 73.)

Suivant les autres, il y a lieu d'assimiler les lièvres aux lapins..., sauf à admettre plus difficilement la preuve du dommage et de la négligence du propriétaire. (Giraudeau, n° 1452.)

De même pour les loups, renards, blaireaux. (Question controversée.)

Les auteurs qui soutiennent qu'il y a responsabilité mettent la condition de refus de destruction.

Obs. Quant au reproche fait par la Cour de cassation (6 janv. 1874) d'avoir empoisonné des renards et putois, « et d'avoir ainsi favorisé la multiplication du gibier sans s'être occupé en aucune manière de la destruction des lapins », ou bien encore « d'avoir laissé subsister quantité de terriers non bouchés ou défoncés, et conservé le gibier en faisant détruire les bêtes fauves et les oiseaux de proie » (Cass., 22 nov. 1875), je comprends la condamnation pour n'avoir pas détruit les lapins ou défoncé les terriers, mais n'est-ce pas aller trop loin que de défendre l'empoisonnement des renards ou la destruction des bêtes fauves et des oiseaux de proie ?

La responsabilité s'étend même aux *faisans* et *perdrix* « dans le cas où ces oiseaux causent du dommage aux propriétés voisines du bois où ils séjournent, si le propriétaire les y a lâchés ou qu'il a favorisé leur multiplication...; et encore à la condition qu'il s'agisse d'un dommage appréciable ». (Trib. Senlis, 23 juin 1870.)

NEIGE. L. 1844, 9-3°, 11-3°. V. *Chasse.* — Il faut un arrêté du préfet pour que la chasse soit défendue en temps de neige, et que cet arrêté ait été publié ; mais le délai n'est pas de dix jours, comme pour l'ouverture et la fermeture de la chasse. (Question controversée pour le délai.)

Quand la terre est-elle couverte de neige ? Cet arrêt de la Cour de Rouen donnerait peut-être la meilleure définition : « Il n'y a pas de chasse en temps de neige bien qu'il existe de place en place quelques empreintes de neige sur la terre, si le sol n'est pas recouvert de manière à permettre de poursuivre utilement le gibier. » — 22 mars 1870.

Si l'arrêté autorise la chasse aux chiens courants, « cette exception ne peut s'appliquer qu'à la chasse en forêt ». (Colmar, 4 février 1868.)

L'interdiction peut ne viser que certaines espèces de gibier.

Mais lorsque la mesure est générale, les oiseaux de passage et le gibier d'eau sont-ils enveloppés dans cette interdiction ?

D'après la Cour de Douai (10 mai 1853), c'est une mesure générale, même pour les oiseaux de passage et le gibier d'eau ; le tribunal de Vesoul (29 avril 1875) est d'un avis contraire, et je partagerais ce dernier avis, surtout lorsque le préfet a, d'une part, dans son arrêté (comme dans l'espèce), permis la chasse au gibier d'eau sur les cours d'eau, jusqu'à une époque déterminée, et, d'autre part, a interdit la chasse sur les *terrains* couverts de neige.

Enfin, ces arrêtés doivent-ils être pris annuellement? Il y a encore controverse. La Cour de cassation est d'avis que cet arrêté est permanent si la durée n'en a pas été limitée. La Cour de Riom (25 févr. 1846) est d'un avis contraire qui me paraît préférable.

Destruction. — S'il ne s'agit plus de chasse, mais de destruction, *quid?*

Pour les animaux nuisibles, l'arrêté ne s'applique pas aux propriétaire, possesseur ou fermier.

On s'est demandé toutefois si le préfet pouvait suspendre l'exercice de ce droit en s'appuyant sur l'art. 9, § 3, 3°, « qui soumet l'exercice du droit de destruc-

tion des animaux nuisibles aux conditions déterminées
par le pouvoir réglementaire des préfets ». (Cass.
30 juill. 1852.)

Duvergier et de nombreux auteurs soutiennent
la négative, en disant que les pouvoirs du préfet ont
rapport aux *modes* et non pas au *temps*, ainsi qu'il
résulte de l'art. 9, § 3 : « *en tout temps* », conclusion
qui me paraît plus logique.

La même controverse existe pour la destruction des
bêtes fauves.

Reste la question des *tiers*.

Ici, il y a encore désaccord. La Cour de cassation
(30 juill. 1852) et le trib. de la Seine (2 févr. 1861)
refusent ce droit aux tiers.

Berriat, Duvergier, etc., donnent ce droit à toute
personne. Mais Leblond cite un jugement du trib. de
Neufchâtel (22 janv. 1875), qui condamnait un individu pour avoir tué un renard sans l'autorisation du
propriétaire, bien que le propriétaire eût déclaré après
le fait qu'il n'y voyait pas d'inconvénient.

Obs. Que ce soit en temps de neige ou à une autre
époque, la question reste la même. La délégation, qui
est tacite pour le garde, parents proches ou domestiques,
doit être prouvée oralement ou par écrit pour les
tiers, et le consentement du propriétaire doit avoir
précédé l'acte de destruction.

Je suis d'autant plus partisan de ce dernier système
que beaucoup de bêtes fauves ont une certaine valeur
(par exemple, les renards pris vivants, et expédiés
en Angleterre pour les chasses à courre). De quel droit
un tiers profiterait-il de cette capture ou de la four-

rure d'autres bêtes puantes, qui est le bénéfice des gardes bons piégeurs?

Sans compter que ce serait un prétexte pour marauder dans les bois. (Q. Q. 4ᵉ série, 61.)

NICHÉE. V. *Couvée.*

NID. V. *Faon.*

NOM (refus de donner son). V. *Arrestation.*

NON DISPONIBLE. V. *Garde champêtre.*

NON-LIEU. — Lorsque la procédure instruite par le juge d'instruction est achevée, elle est communiquée au procureur de la République, qui prend telles réquisitions qu'il juge convenables. Le juge d'instruction rend alors une ordonnance faisant ou non droit à ces réquisitions, et statue sur la suite à donner à la procédure.

Si le fait ne constitue ni délit, ni contravention, le juge d'instruction rend une ordonnance de *non-lieu.* (Dict. C.)

NOMENCLATURE. V. *Classification.*

NOTAIRE. L. 25 ventôse an IX. Ord. roy. 4 janv. 1843. — Officier ministériel chargé de recevoir les actes et contrats auxquels on doit ou veut donner un caractère authentique.

NOTIFICATION. V. *Loup* (battues). 5 avril 1884, art. 96. — La notification individuelle des arrêtés des maires est établie par le récépissé de la partie intéressée, ou, à son défaut, par l'original de la notification conservé dans les archives de la mairie.

NUIT. V. *Hutte.* L. 1844, 9 et 12. — Que signifient les mots *jour* et *nuit* au point de vue de la chasse?

Quatre systèmes :

1. Depuis le 1ᵉʳ octobre, la nuit dure de six heures du soir à six heures du matin ; depuis le 1ᵉʳ avril, de neuf heures du soir à quatres du matin. (C. proc. civ., 1037.)

2. La nuit commence après le crépuscule.

3. La nuit s'étend entre le coucher et le lever du soleil.

4. Selon l'opinion qui a prévalu dans la doctrine, l'art. 9 s'est servi du mot *jour* dans sa signification la plus usuelle, et a laissé aux tribunaux le soin d'apprécier, suivant les circonstances, si les faits de chasse qui lui sont soumis ont eu lieu la nuit ou le jour. (D. C. Ch. 12.)

Toute espèce de chasse est défendue la nuit, sauf dans les terrains clos attenant à une habitation.

La prohibition ne concerne pas la destruction, par les ayants droit (V. le mot *Neige*), des animaux malfaisants et bêtes fauves.

Si les pigeons et lapins sont compris dans l'arrêté préfectoral (comme animaux nuisibles), ils peuvent être détruits, même de nuit. (V. Q. Q. 3ᵉ série.)

Enfin, cette prohibition ne s'applique pas à la chasse en mer ou dans les eaux salées. (V. *Hutte.*) Question controversée.

NUL. V. *Parenté.*

O

OBJET. V. *Quittance.*
OBLIGATION. V. *Contrat.*
OBLIGATOIRE. V. *Date.*

OCCUPATION. V. *Coiffé.*

OCTROI et **CONTRIBUTIONS INDIRECTES.** L. 1844, 23. V. *Procès-verbaux.* — Les agents des octrois et des contributions indirectes, chacun dans ses attributions respectives, recherchent et constatent les délits de mise en vente, achat, colportage et transport de gibier en temps prohibé.

Pour les employés d'octroi, c'est à l'entrée des villes; pour les autres, c'est dans les lieux ouverts au public. (V. *Aubergistes.*)

Quant aux visites domiciliaires faites par la régie, il faut distinguer si les débitants sont abonnés ou rédimés, ce qui les affranchit des exercices (visites journalières).

Cependant les employés des contributions ont toujours le droit de faire une perquisition s'ils soupçonnent une fraude, mais avec l'assistance du commissaire de police, et après avoir été autorisés par leur directeur ou au moins contrôleur.

Les employés de la régie peuvent aussi saisir le gibier, lors du chargement ou déchargement des voitures publiques, et même opérer la saisie sur les personnes portant le gibier prohibé d'une manière *apparente.*

Ces deux classes d'agents n'ont pas droit aux gratifications prévues par l'art. 10. (V. Q. Q. 4e série, p. 57.)

ŒUF. V. *Couvée, Faon, Fourmi.*

OFFICIER. V. *Lieutenant* de louveterie, *Maire, Collet.*

OFFRES réelles. (C. civ., 1257-1264. C. Pr. civ., 812

et suiv.). — On désigne ainsi la représentation effective faite à un créancier des choses qui lui sont dues et qu'il refuse, avec sommation de les recevoir. — Les offres réelles suivies de consignation libèrent le débiteur. (Dict. C.)

OIE sauvage. — Est classée dans le gibier d'eau.

OISEAU (petit). V. *Moineau, Volière.*

OISEAU de proie. V. *Négligence.*

OISELEUR. V. *Captif.*

OPPOSITION. C. Pr. civ., 16-22, 149-164, 434-438. Décr. 20 févr. 1810, 41-44. C. instr. cr., 149-151, 186-188. — Voie de recours contre les jugements rendus par défaut.

Délai à partir de la signification :

Justice de paix. — Trois jours ;

Première instance (d'avoué à avoué). — Huit jours ;

Première instance, sans constitution d'avoué. — Jusqu'à l'exécution du jugement ;

Tribunal de commerce. — Huit jours ;

Conseil des prud'hommes. — Trois jours ;

Simple police. — Trois jours, plus un jour par trois myriamètres ;

Police correctionnelle. — Cinq jours, plus un jour par cinq myriamètres.

OPPOSITION à bref délai. V. *Référé.*

ORDONNANCE. V. *Mandat.*

ORDRE (menace avec). V. *Permis de chasse.*

ORGANISATEUR. V. *Loup* (battue).

ORGE. V. *Blé.*

ORNITHOLOGISTE. V. *But scientifique.*

ORTOLAN. — Est classé parmi les oiseaux de passage.

OSIER. — Un terrain planté d'osiers est réputé terrain non dépouillé de ses récoltes. (V. *Blé*.)

OUVERTURE. V. *Barrière*.

OUVERTURE de la chasse. L. 1844. 3-22 janvier 1874. — Le ministre ayant fixé l'ouverture de la chasse dans les trois zones (une date pour chaque zone), les préfets, se conformant aux prescriptions ministérielles, fixent l'époque de l'ouverture de la chasse dans leur département.

(Quant aux vignes, V. le mot *Ban*.)

Les maires peuvent seulement prendre des arrêtés en vue de la sécurité publique, conformément à l'art. 91 de la loi du 5 avril 1884 ; mais l'infraction à ces arrêtés est une contravention et non un délit de chasse.

Si l'avis des conseils généraux est utile pour prolonger la durée de la chasse à courre, cet avis n'est pas obligatoire. (Circ. min. int. 30 janv. 1874.)

Le préfet fixe le jour... et peut indiquer l'heure de l'ouverture de la chasse. (Amiens, 11 oct. 1865. Trib. Corbeil, 10 nov. 1876.)

Le tribunal de Château-Thierry avait jugé dans le sens contraire le 6 sept. 1875 ; c'est ce jugement qu'infirmait l'arrêt de la Cour d'Amiens.

« ...Nous le demandons, dit Leblond, dans le langage ordinaire, et surtout dans le langage légal, depuis quand le mot *époque* peut-il signifier l'*heure* ? »

Pour la chasse de nuit (V. le mot *Nuit*), je posais la même question : « Depuis quand le mot *époque* veut-il dire *jour* ou *nuit* ? »

Le jugement de Château-Thierry a donc interprété la loi dans son véritable sens.

Fermeture. La fermeture de la chasse a lieu le même jour dans tous les départements, et chaque préfet la fixe par un arrêté spécial (Circ. min. just. 1880) (sauf exception dans le cas où il y aurait des différences de sol ou de température dans les arrondissements d'un même département, et cela aussi bien pour les ouvertures que pour les fermetures).

Pour le gibier de bois et le gibier ordinaire, l'époque est la même, mais les préfets fixent les époques particulières pour les oiseaux de passage et le gibier d'eau. (De même pour la neige, arrêtés spéciaux.)

Dans la chasse au chien d'arrêt et celle au chien courant, les époques d'ouverture et de fermeture sont les mêmes, tandis que pour la chasse à courre, les époques peuvent être différentes de celles de la chasse à tir depuis la loi du 22 janvier 1874.

Ces arrêtés doivent être publiés dix jours d'avance, sauf en cas de force majeure.

En temps de guerre, V. le mot *Guerre*.

P

PACTE. V. *Contrat*.

PAIEMENT (ou payement). V. *Offres réelles*.

PALISSADE. V. *Entourage* et *Glacis*.

PALOMBE. V. *Ramier*.

PANNEAU. V. *Collet* (et Q. Q. 3ᵉ série, p. 32).

PANNEAUTEUR. V. *Braconnage*.

PANTIÈRE. V. *Collet*.

PARC. V. *Garenne*. — « Il est bien entendu qu'un parc, quoique entouré de murs, ne sera pas considéré comme clos, s'il est traversé par des routes et chemins. » (M. Lureau, député, *Moniteur*, 1844, p. 278. — V. Leblond, n° 42.)

PARCELLE. V. *Lopin*.

PARENTÉ entre le garde verbalisant et le délinquant n'est pas une cause de nullité.

PARQUET. V. *Ministère public*.

PARTIAIRE (colon). — Cultivateur qui rend au propriétaire une partie des produits de sa ferme. (Littré.)

PASSAGE. V. *Chasseur, Enclave, Blé*.

PASSANT. V. *Involontaire*.

PASSE-DEBOUT. — Permission que les commis des douanes accordent pour les marchandises qui doivent traverser une ville sans payer d'octroi. (Littré.)

PASSEREAU. V. *Moineau*.

PASTEUR. V. *Berger*.

PATÉ. V. *Gibier, Terrine*.

PATRE. V. *Berger*.

PATRIMOINE. V. *Terrain*.

PATRIOTISME. V. *Garde champêtre*.

PATRON. V. *Responsabilité, Enfant*.

PAUVRE. V. *Assistance judiciaire, Saisi* (gibier).

PAVILLON. V. *Habitation*.

PAYE. V. *Appointement*.

PAYEMENT. V. *Paiement* ou *Paîment*.

PÊCHE. V. *Canal*.

PEINE. V. *Contravention, Correctionnel, Infamante*.

PENDANT (procès). — Qu'on est en train de juger.

PÉNÉTRABLE. V. *Entourage*.

PENTIÈRE. V. *Pantière.*

PERDREAU, PERDRIX. V. *Chasseur, Couvée, Négligence.*

PÈRE. V. *Enfant, Responsabilité.*

PÉREMPTION. C. pr. civ. 397, 401. — C'est l'extinction d'une instance par la discontinuation de poursuites pendant trois ans. — Ce délai n'est que de quatre mois en justice de paix quand un interlocutoire (V. ce mot) a été ordonné.

Par la péremption, la procédure est seule éteinte, et non pas l'action (sauf en cas de prescription. — V. ce mot).

PERMANENT. V. *Neige.*

PERMIS DE CHASSE. V. *Exhibition.* (L. 3 mai 1844, 5, 6, 7 et suiv.) — Ils sont délivrés par les préfets et sous-préfets, sur l'avis des maires. (28 francs.)

Ils *peuvent* être refusés :

1° A tout individu majeur qui n'est point personnellement inscrit, ou dont le père ou la mère n'est point inscrit au rôle des contributions ;

2° A tout individu qui, par une condamnation judiciaire, a été privé de l'un ou de plusieurs des droits énumérés dans l'art. 42 du C. pénal (droits civiques, civils ou de famille) ;

3° A tout condamné à un emprisonnement de plus de six mois pour rébellion ou violences envers les agents de l'autorité publique ;

4° A tout condamné pour délit d'association illicite, de fabrication, débit, distribution de poudre, armes ou autres munitions de guerre ; de menaces écrites ou verbales avec ordre ou sans condition ; d'entraves à la circulation des grains ; de dévastation d'arbres ou de récoltes sur pied, de plants venus naturellement ou faits de main d'homme ;

5° A ceux qui ont été condamnés pour vagabondage, mendicité, vol, escroquerie ou abus de confiance.

La faculté de refuser le permis de chasse aux condamnés dont il est question dans les §§ 3, 4 et 5, cesse cinq ans après l'expiration de la peine.

Le permis de chasse *doit* être refusé :

1° Aux mineurs de moins de seize ans accomplis ;

2° Aux mineurs de seize à vingt et un ans, à moins que le permis ne soit demandé pour eux par leur père, mère, tuteur ou curateur porté au rôle des contributions ;

3° Aux interdits ;

4° Aux gardes champêtres ou forestiers des communes et établissements publics, ainsi qu'aux gardes forestiers de l'État et aux gardes-pêche de l'État (V. Giraudeau) ;

5° A ceux qui, par suite de condamnations, sont privés du droit de port d'armes ;

6° A ceux qui n'ont pas exécuté les condamnations prononcées contre eux pour délit de chasse ;

7° A tout condamné placé sous la surveillance de la haute police. (La surveillance de la haute police est supprimée par la loi du 27 mai 1885, et remplacée par la défense faite au condamné de paraître dans les lieux dont l'interdiction lui sera signifiée par le gouvernement avant sa libération.)

Obs. La femme peut-elle obtenir un permis de chasse?

Elle le peut, mais si elle est mineure, avec la permission de son père ou tuteur; avec la permission de son mari, si elle est mariée. Si elle est majeure et célibataire, elle peut obtenir un permis sans aucune de ces autorisations, bien entendu.

Mais si elle est majeure et mariée? *Non.* (D. J. G. *Chasse*, 150. Berriat, Giraudeau, etc.) — *Oui.* (Lavallée et Bertrand. Leblond. — V. Q. Q. 4ᵉ série, p. 92.)

Pour le domicile ou la résidence, V. le mot *Domicile*.

En cas de *perte* de permis, doit-on payer une seconde fois, ou peut-on obtenir un duplicata?

La circulaire ministérielle du 22 juillet 1851 n'admet pas le duplicata (ce qui a lieu cependant en cas de force majeure, détérioration, non-réception). Mais dans Dalloz (J. G. *Chasse*, 127) et Giraudeau l'opinion contraire est soutenue, avec raison, à mon avis. (Q. Q. 2ᵉ série.)

Enfin, le permis est personnel.

La réhabilitation et l'amnistie enlèvent au condamné ses incapacités pour l'avenir, tandis que, pour la *grâce*, la question est controversée, mais la négative est préférable. (V. D. C. pén.)

Si le sous-préfet refuse la délivrance d'un permis de chasse, il faut s'adresser d'abord au préfet. Si le refus vient du préfet, on peut s'adresser au ministre.

Quant au conseil d'État (V. *Préfet*), c'est une question controversée, parce qu'il n'y a pas lieu au contentieux administratif proprement dit; cependant, le pourvoi serait acceptable si c'était pour excès de pouvoir, par exemple, quand le plaignant déclare ne pas être d'une des catégories soumises à l'approbation préfectorale ou incapable de plein droit.

Le préfet, revenant sur sa détermination, ne peut pas retirer le permis à un individu auquel il l'a accordé, ayant le droit de le lui refuser.

Mais la privation d'obtenir un permis de chasse implique la privation du droit de chasse lui-même, dès que le jugement qui l'a prononcée est définitif, même si le permis est encore valable. (Trib. corr. Compiègne, 25 févr. 1887.) V. Q. Q. 4e série, p. 50.— La question est controversée, mais perd de son intérêt si, comme le dit la Cour de Rouen (4 déc. 1880), l'autorité administrative a le droit de retirer le permis pour cause d'indignité ou d'incapacité.

Pour les *auxiliaires*, V. *Porte-carnier*.

PERMISSIONNAIRE. V. *Propriétaire, Bail.* — Il ne faut pas confondre *bail* et *permission*.

Sauf réserve, le propriétaire qui loue sa chasse par bail n'a plus le droit de chasser sur ses propriétés, tandis que celui qui donne des permissions conserve pour lui-même le droit de chasse.

Si la permission est gratuite, elle est personnelle et incessible, tandis que si elle est payée, il faut tenir compte des circonstances.

Mais la mort du propriétaire n'entraîne pas l'extinction de la permission, tant que les héritiers ne l'ont pas révoquée. (Cass. 30 nov. 1860.)

Si deux propriétaires voisins se donnent réciproquement l'autorisation de chasser sur leurs terres contiguës, il n'y a pas là une permission, mais une tolérance.

PERPÉTUEL. V. *Cession*.

PERQUISITION. V. *Collet, Aubergiste, Octroi*.

PERSONNEL. V. *Incompétence, Permis de chasse*.

PERTE. V. *Permis de chasse*.

PETIT. V. *Faisan*.

PÉTITOIRE. V. *Justice de paix*.

PIE. — Est classée parmi les oiseaux nuisibles.

PIÈCE (de terre). — V. *Terrain*.

PIED (récolte sur). V. *Permis*.

PIÈGE. V. *Lieutenant* de louveterie, *Prime*. L. 1844, 9, 11. — « ... On est assez dans l'usage de tendre des pièges pour les loups ; cet usage peut être continué avec quelque espoir de succès, s'il est dirigé par des hommes expérimentés ; mais il exige qu'il soit pris en même temps des précautions pour que les pièges et fosses qui seraient disposés ne deviennent pas préjudiciables aux hommes ou aux animaux domestiques.

« Je pense que dans les endroits ouverts, il ne doit être placé de pièges à loups qu'après en avoir prévenu le maire de la commune, et avoir obtenu sa permission. Celui-ci, lorsqu'il le jugerait utile pour la sûreté des habitants, ferait annoncer publiquement les lieux où devraient être tendus les pièges, afin qu'on pût les éviter.

« Dans aucun cas ils ne doivent être placés dans des chemins ou sentiers pratiqués.

« Ces observations s'appliquent également aux chausses ou trappes, et surtout aux batteries... » (Circ. min. int. 9 juillet 1818.)

« La simple détention d'un piège peut n'entraîner

aucune peine lorsque ce piège ne paraît pas destiné à la capture du gibier, mais à celle des animaux malfaisants et nuisibles... et que d'ailleurs il n'est intervenu aucun arrêté préfectoral ayant pour objet de déterminer les conditions du droit reconnu à tout propriétaire par l'art. 9 de détruire sur ses terres les animaux malfaisants. » (Cass. 15 oct. 1844.)

PIÈGE. V. aussi *Bricole*.

PIE-GRIÈCHE. — Est classée parmi les oiseaux nuisibles.

PIERRE. V. *Bâton*.

PIERROT. V. *Moineau*.

PIGEON. V. *Nuit*. C. pén. 471-15°. — Si le préfet a pris un arrêté pour classer les pigeons parmi les animaux nuisibles, ces oiseaux peuvent être détruits en tout temps *sur son terrain* sans permis de chasse, et ils appartiennent à celui qui les a tués.

Mêmes conditions lorsqu'un arrêté ordonne d'enfermer les pigeons dans les colombiers à certaines époques de l'année.

Les propriétaires de pigeons, s'ils ne se conforment pas à ce dernier genre d'arrêté, sont passibles du C. pén 471-15°.

Enfin, s'il n'existe aucun arrêté, le droit des propriétaires auxquels les pigeons causent un dommage actuel est controversé. Il serait peut-être préférable d'agir comme pour les volailles. (V. le mot *Basse-cour*.)

Tirer et emporter un pigeon sur un autre terrain que le sien, c'est un vol.

Quant aux pigeons voyageurs, il est défendu de les

tuer ; mais il n'est pas toujours facile de les distinguer des autres pigeons. (V. Q. Q. 4ᵉ série, p. 17.)

PINSON. — N'est pas un oiseau de passage.

PIPEAU. V. *Collet*.

PIQUET. — Planter des piquets destinés à supporter des nappes (V. ce mot), ou filets, n'est qu'un acte préparatoire (V. ce mot) de chasse. (Toulouse, 14 janv. 1864.)

PIQUEUR. V. *Lieutenant de louveterie, Équipage*.

PISTE. V. *Gîte*.

PISTOLET. V. *Arme, Fusil*.

PLAGE. L. de finances, 20-30 déc. 1872. — « Dans la pratique, dit Dalloz (Ch. art. 1, nᵒ 90), un certain nombre de préfets autorisent toute l'année la chasse sur le bord de la mer. Dans d'autres départements, cette chasse, qui d'ailleurs n'offre aucun inconvénient, est l'objet d'une tolérance de la part de l'autorité... »

Obs. J'ai eu l'occasion d'étudier la question à propos des plages louées par les préfets à des établissements de bains de mer, et j'ai conclu qu'il n'y avait ni autorisation ni tolérance à invoquer.

C'est à tort que les préfets font de semblables locations en autorisant les locataires à percevoir des droits qui entravent le libre accès des plages, des droits tels que : perception pour les tentes, chaises, etc., que les baigneurs non abonnés veulent installer au bord de la mer ; interdiction de circuler devant la partie du rivage qui se trouve devant les établissements de bains, etc. Légalement, ils ne doivent louer que le droit temporaire d'établir des bains, sans autre prérogative.

Il en est de même pour la chasse (du moins pour

ceux qui soutiennent que la loi de 1844 ne s'applique pas au gibier de mer). V. le mot *Hutte.*

Il suffit de consulter la loi de finances du 20-30 déc. 1872 (t. 1, § 2), pour confirmer notre opinion : « Est autorisée, au profit de l'État, la perception de redevances à titre d'occupation temporaire ou de location des plages et de toutes autres dépendances du domaine maritime... »

Pour bien comprendre cet article, il faut lire le rapport qui a précédé le vote de la loi.

« ...Jusqu'en 1869, dit le rapporteur, M. Goüin, le Trésor a concédé, moyennant redevance, des permissions individuelles pour l'établissement de cabanes destinées au service des bains de mer, *sous la condition expresse de maintenir le libre accès de la plage et l'exercice des droits qui s'y rattachent.* A partir de 1869, un arrêt de la Cour de cassation a considéré ces permissions, réalisées sous la forme d'un bail, comme la création d'un monopole ou d'un privilège. L'administration a donc été contrainte de renoncer à la jouissance de ce qu'elle considérait comme un droit. Voulez-vous lui restituer législativement ce droit qu'elle exerçait au profit du Trésor? Votre commission vous le demande, aussi bien dans l'intérêt des communes qui affermaient à l'État, que dans l'intérêt de l'État lui-même... » Et la loi fut votée. (V. mon étude : *Préfets et bains de mer,* p. 18.)

La loi était votée, mais dans les mêmes conditions qu'avant 1869, c'est-à-dire à la condition expresse de maintenir le libre accès de la plage et l'exercice des droits qui s'y rattachent.

« Le rivage de la mer appartient à tous, disait M. Troplong, comme la mer dont il fait partie; tous ont le droit de le parcourir pour se promener, se baigner, ramasser des coquillages, débarquer et s'embarquer, faire sécher leurs filets, mettre les barques sur la grève... » j'ajouterai : « et *chasser* », puisque les agents de la marine et les douaniers, gardiens des rivages, n'ont pas qualité pour dresser des procès-verbaux de chasse.

PLAIGNANT. — Celui qui porte plainte en justice.

PLAINE. V. *Neige*.

PLANT. V. *Fougère, Permis de chasse*.

PLOMB. V. *Chevrotine*.

PLUME. — D'après la circ. min. int. du 16 mai 1884, les pièces de gibier *importées* peuvent être vendues revêtues ou non de leurs plumes.

PLUVIER. — Est classé dans le gibier d'eau.

POISON. V. *Lieutenant* de louveterie, *Prime*. L. du 3 août 1882. Décr. du 28 nov. 1882. — C'est dans les vingt-quatre heures, pour la destruction des loups, qu'il faut déclarer à la mairie la destruction des animaux pour toucher la prime.

Si l'animal a été tué par le poison, il est mentionné dans le procès-verbal la date et le lieu où l'animal a été trouvé.

L'animal dépouillé est enfoui dans une fosse ayant au moins un mètre trente-cinq centimètres de profondeur.

POISSON. — La recherche ou la capture des poissons constitue un fait de pêche, et non un fait de chasse... alors même que l'on recourt au fusil pour s'en emparer. (Giraudeau, n° 133.) V. *Fusil*.

POLICE. V. *Garde champêtre.*

POMME de terre. V. *Couvert.*

PONTS ET CHAUSSÉES. V. *Canal.*

PORT d'armes. V. *Barrière.*

PORTE. V. *Barrière.*

PORTE BATTANTE. V. *Grillage.*

PORTE-CARNIER. V. *Auxiliaire, Rabatteur, Traqueur.* L. 1844, 9. — Le propriétaire, possesseur ou fermier, peut, dans l'exercice de son droit de *destruction* des animaux malfaisants ou nuisibles, se servir d'auxiliaires, lesquels jouissent des mêmes immunités que lui, à moins que l'emploi d'auxiliaires ne soit interdit par le préfet. Il peut déléguer son droit à des tiers. (D. C. Ch. art. 9, n° 312. Poitiers, 29 oct. 1886.)

Chasse. — Le valet de chiens (qui ne s'occupe que de coupler ou découpler les chiens), le rabatteur, le porte-carnier, ne sont pas soumis à l'obligation d'avoir un permis de chasse.

« Mais le traqueur ou rabatteur, bien que simple auxiliaire agissant sous la direction du chasseur, n'en est pas moins pénalement responsable, quand la chasse à laquelle il prête son concours est délictueuse. » (Cass. 15 déc. 1870.) Par exemple, en temps prohibé, sur le terrain d'autrui, si le chasseur n'a pas de permis de chasse.

C'est aussi l'avis de la Cour de Limoges, réformant par son arrêt du 11 févr. 1866 le jugement rendu par le tribunal de Limoges le 20 janv. 1866, lequel était ainsi conçu :

« Attendu que le traqueur n'est qu'un instrument employé par le chasseur ; que son office, ainsi que le déclare la Cour de cassation, consiste à guetter le gibier, le suivre à la piste, le débusquer de son gîte et le livrer aux coups du chasseur, ainsi que le ferait un chien couchant ; que c'est donc un auxiliaire intelligent, facilitant par son aide et son assistance l'acte de chasse, mais ne pouvant pas être considéré ni comme auteur ni comme coauteur du fait lui-même. »

Voici un jugement plus récent : « Les tireurs et les traqueurs qui ont été régulièrement convoqués à une battue ne peuvent être pénalement responsables des irrégularités qui auraient été commises dans l'organisation de cet acte, qu'ils n'avaient ni le moyen ni le droit de contrôler. » (Trib. Château-Chinon, 24 sept. 1887.) V. Q. Q. 3e série, p. 20.

Obs. C'est le tribunal de Limoges qui a raison, suivant moi, de même que celui de Château-Chinon. Si l'opinion de la Cour de Limoges peut encore se soutenir lorsqu'il s'agit d'une petite battue faite entre personnes qui se connaissent, et qui ne se sont peut-être divisées en deux camps, les chasseurs et les rabatteurs, que dans le but de partager ensuite le résultat de la chasse (parce que là il peut être établi qu'il y a entente entre les deux camps, et qu'ils savent, chasseurs et rabatteurs, s'ils ne sont pas en faute), il n'en est plus de même dans les véritables battues organisées dans l'intérêt seul des chasseurs.

Simples auxiliaires salariés, les traqueurs ne doivent pas endosser une responsabilité quelconque, ou alors on arrive à des résultats comme celui-ci : parmi les invités nombreux se trouve un chasseur qui, par inadvertance, aura laissé périmer son permis de chasse, et tous les rabatteurs seront pénalement responsables !...

Je préfère la thèse soutenue par le tribunal de Limoges.

POSSESSION, POSSESSOIRE. V. *Juge de paix, Réintégrande.*

POSTE. V. *Habitation.*

POT à moineaux. V. *Collet.*

POUDRE. V. *Permis.*

POULAILLER. V. *Basse-cour.*

POURSUITE. V. *Chasse, Prescription.* Art. 29. — Toute action relative aux délits prévus par la loi de 1844, sera prescrite par le laps de trois mois, à compter du jour du délit.

Mais si la prescription a été interrompue par suite d'une poursuite régulière, la prescription ainsi interrompue ne peut plus être désormais acquise que par le délai de trois ans, et non de trois mois, à partir du dernier acte de poursuite. (Art. 26 L. 1844; art. 637 et 638 C. instr. crim. — Trib. Seine, 8 déc. 1888.)

Si les poursuites sont faites d'office par le ministère public, cependant dans le cas de chasse sur le terrain d'autrui sans le consentement du propriétaire, il faut une plainte de la partie intéressée, à moins que le délit n'ait été commis dans un terrain clos attenant à l'habitation ou sur des terres non encore dépouillées de leurs récoltes. (Art. 26.)

POURVOI. V. *Cassation.*

PRAIRIE. — L'arrêté préfectoral qui interdit la chasse, soit au bois, soit en plaine, en temps de neige, comprend dans la généralité de ses expressions toutes les terres, quelle que soit la nature de leur culture, et notamment les prairies. (Rouen, 6 janv. 1845.)

PRÉ. V. *Couvert.*

PRÉCAIRE. — Se dit des choses dont on ne jouit que par une concession toujours révocable. (Littré.)

PRÉEMPTION. — Droit qui consiste à pouvoir prendre ou revendiquer un objet avant toute autre personne. (Littré.)

PRÉFET. V. *Conseil* de préfecture, *Battue, Neige, Plage, Permis.* L. 28 pluviôse an VIII. — Déc. 25 mars 1852; 13 avril 1861. — Les décisions du préfet prennent le nom *d'arrêtés.* Elles peuvent toujours être déférées au ministre que la matière concerne. Aucun délai n'est fixé pour l'exercice de ce droit, aucune forme particulière n'est exigée.

Les arrêtés préfectoraux peuvent être déférés au conseil d'État, lorsqu'ils statuent en matière contentieuse, c'est-à-dire sur les réclamations à l'occasion de droits violés et non de simples intérêts lésés. Mais à la différence des arrêtés statuant sur des objets de pure administration, pour lesquels le recours au ministre peut toujours être exercé, quel que soit le temps écoulé, les arrêtés préfectoraux pris en matière contentieuse ne peuvent être déférés au conseil d'État que dans le délai de trois mois.

Les arrêtés préfectoraux sont toujours attaquables directement devant le conseil d'État pour cause d'excès de pouvoir ou d'incompétence. (Dict. C.)

PRÉJUDICE. V. *Dommages-intérêts.*

PRÉJUDICIELLE (question). — Qui doit être jugée avant la contestation principale. (Littré.)

PRENEUR. — Celui qui prend à bail.

PRÉPARATOIRE. V. *Acte.*

PRESCRIPTION CIVILE. V. *Gratification.* C. civ. 2219-2281.

Acquisitive. — En l'absence de titre et de bonne foi. — Trente ans.

Lorsqu'il y a titre et bonne foi, dix ou vingt ans, suivant que le véritable propriétaire habitait ou non dans le ressort de la Cour d'appel où est l'immeuble.

Libératoire. — En général, trente ans. Par exception, cinq ans (arrérages des rentes), pensions alimentaires, loyers des maisons, etc., généralement tout ce qui est payable par année ou à des termes périodiques plus courts.

Deux ans (action des avoués pour le payement de leurs frais, à compter du jour où le procès est terminé ; action en restitution des pièces confiées à un huissier, pour les faire signifier).

Un an (action des médecins ; huissiers ; marchands, pour les marchandises qu'ils vendent aux particuliers non marchands ; maîtres de pension et d'apprentissage ; domestiques loués à l'année).

Six mois (action des professeurs pour les leçons qu'ils donnent au mois ; hôteliers pour logement et nourriture ; ouvriers, pour leurs journées).

Par exception, les courtes prescriptions courent contre les mineurs et interdits. (Dict. C.)

PRESCRIPTION DE L'ACTION. V. *Poursuite.*

PRESCRIPTION AU CRIMINEL. — Prescription des *peines* :

Crimes : Vingt ans.

Délits : Cinq ans.

Contraventions : deux ans.

PRÊT à usage (*Commodat*). C. civ. 1875-1891. — Le propriétaire d'un animal ou celui qui s'en sert pendant qu'il est à son usage, est responsable du dommage que l'animal a causé, soit que l'animal fût sous sa garde, soit qu'il fût égaré ou échappé. (Art. 1385.)

PRIME. V. *Poison, Gratification.* — L. 3 août 1882.

100 francs pour loup ou louve non pleine.

150 francs pour louve pleine.

40 francs pour louveteau (dont le poids est inférieur à 8 kilogrammes).

200 francs pour loup s'étant jeté sur des êtres humains.

PRIVATION. V. *Permis.* — En cas de condamnation pour délit de chasse, les tribunaux peuvent priver le délinquant du droit de permis de chasse pendant cinq ans (art. 18).

PRIVILÈGE. — (C. civ., 2092 et suiv.) — C'est un droit que la qualité de la créance donne à un créancier d'être préféré aux autres, même hypothécaires. (Dict. C.)

PROBITÉ. V. *Garde champêtre.*

PROCÉDURE. — Instruction judiciaire d'un procès.

PROCÈS. — Instance devant un tribunal sur un différend entre deux ou plusieurs parties.

PROCÈS-VERBAL. — L. 1844, 22, 23, C. for., 176. *En matière de chasse,* il fait foi jusqu'à la preuve du contraire, quel que soit le rédacteur (maire, adjoint, commissaire de police, gendarmerie, gardes, employés d'octroi, etc.), et non pas jusqu'à inscription de faux.

En matière forestière, les procès-verbaux faits conformément aux articles 165 et 170 (C. for.) et rédigés par deux agents ou gardes forestiers font foi jusqu'à inscription de faux.

Malgré quelques avis contraires, les délits de chasse constatés par les gardes forestiers restent dans le droit commun, c'est-à-dire que la preuve contraire est admise.

« Les procès-verbaux ne font foi jusqu'à preuve contraire que relativement aux faits matériels, mais non aux déclarations ou aveux des parties. »(D. J. G., *Chasse.* 374.)

Affirmation dans les vingt-quatre heures devant le juge de paix ou le maire. — (Art. 24.)

Le procès-verbal doit mentionner l'heure de la perpétration du délit; mais il peut être écrit par une autre personne que le garde, pourvu que ce dernier appose sa signature.

« Le procès-verbal doit contenir le nom et les prénoms du garde, sa qualité de garde champêtre et l'indication de la commune où il exerce ses fonctions, la mention qu'il est revêtu, au moment de la constatation du délit, du signe distinctif de ses fonctions.

« Ces diverses énumérations sont indispensables pour établir que le garde avait pouvoir de verbaliser. Mais leur omission n'entraînerait pas la nullité du procès-verbal, si, par des *équipollents*, il était facile de les rétablir. » — (Cass., 20 sept. 1833. — 14 févr. 1840. — V. *Code Escaich*.)

Obs. Ces arrêts antérieurs à la loi de 1844 ne sont

pas en contradiction avec elle, et cette opinion me paraît préférable à celle citée par Dalloz (J. G. *Chasse*, 367) : « Le procès-verbal n'est pas nul à raison de la circonstance que le garde aurait constaté le délit sans être revêtu de son uniforme ou de ses insignes. » (Giraudeau, Petit, Gillon et Villepin.)

« En effet, dans l'exercice de leurs fonctions, dit l'art. 4, sect. VII (L. 28 sept., 6 oct. 1791), les gardes auront sur le bras une plaque de métal ou d'étoffe où seront inscrits ces mots « La Loi », le nom de la municipalité, celui du garde. »

Cette mesure est utile à deux points de vue : faire connaître visiblement au délinquant la qualité de l'agent, et aussi permettre de savoir le nom du garde en cas d'acte illégal de sa part ; mesure, du reste, qui a été prise à l'égard des agents de police des villes, lesquels portent un numéro à leur collet.

PROCURATION. V. *Mandat.*

PRODIGUE. V. *Conseil judiciaire.*

PRODUIT. V. *Blé.*

PROHIBÉ (temps). V. *Chasse.*

PROJECTILE. V. *Chevrotine.*

PROMULGATION. — Publication solennelle des lois, suivant les formes requises. (Littré.)

PROPRIÉTAIRE. V. *Copropriétaire, Bail, Permissionnaire, Habitation, Engins,* etc., *Jardin.* — Un propriétaire qui loue sa chasse sans réserve et continue à chasser sur les terres qu'il a louées, malgré la défense du locataire, commet-il un délit de chasse, ou n'est-il passible que d'une réparation civile ?

Le tribunal de Langres (30 décembre 1885), conformément à la jurisprudence de la Cour de Rouen (7 mai 1881), n'admet pas l'action correctionnelle, non plus que pour l'invité du propriétaire : c'est une question de dommages-intérêts par la voie civile.

Ce n'est pas l'avis de la Cour de Colmar (1er oct. 1867), ni celui de Berriat, Caumont, de Neyremand, Leblond. « Quelque sévère que puisse paraître, dit ce dernier auteur, l'opinion qui se prononce contre le propriétaire, il nous paraît impossible, en droit, de s'y soustraire dès qu'il est reconnu que l'acte intervenu entre le prévenu et le locataire de la chasse est bien un acte de cession proprement dit. Vainement objecterait-on que le texte ne réprime que la chasse sur le *terrain d'autrui*, il est bien certain que ces mots doivent être, comme on l'a dit, entendus *secundum subjectam materiam*, et n'ont point ici le sens strict et étroit que l'on voudrait leur donner. Car, de même que dans notre loi, par le mot *propriétaire*, on doit entendre celui qui a le droit de chasse, de même, il ne s'agit ici que du terrain sur lequel on n'a pas ce droit. »

Obs. J'ajoutais à ce commentaire cette observation (Q. Q. 3ᵉ série, p. 37) :

« Cette dernière interprétation n'est-elle pas de beaucoup préférable?

« ..... Si la jurisprudence vient à prendre un parti contraire, il ne sera plus possible de louer des chasses sans avoir recours chaque fois à l'art. 1226 du C. civil, qui permet d'introduire dans l'acte une clause pénale. »

PROPRIÉTÉ. V. *Terrain.*

PROROGATION. V. *Ouverture*. — Le second arrêté qui proroge la durée du temps prohibé n'est obligatoire, dans chaque commune, qu'autant qu'il a été publié.

Par suite, un fait de chasse accompli le jour fixé pour l'ouverture de la chasse par un arrêté du préfet régulièrement publié, est licite, bien qu'un second arrêté, encore dépourvu de publicité, ait reporté à une date postérieure l'époque de cette ouverture. (Cass., 4 janv. 1849.)

PROUVER. V. *Procès-verbal, Autorisation*.

PROVENANCE. L. 1844, art. 4. 12. — En temps prohibé, le délinquant peut-il prouver que la provenance de gibier transporté ou vendu était licite?

Le trib. corr. de la Seine (24 nov. 1882), s'appuyant sur les termes de la loi qui sont absolus, n'admettait aucune exception.

La Cour de Paris, par son arrêt du 23 janv. 1883, a infirmé ce jugement, ce qui me paraît un moyen involontaire de faciliter le transport du gibier en temps prohibé.

PUANTE (bête). V. *Bête fauve*.

PUBLICATION. V. aussi *Ouverture, Notification*. — L. 5 avril 1884, art. 96. — Les arrêtés des maires ne sont obligatoires qu'après avoir été portés à la connaissance des intéressés par voie de publications et d'affiches, toutes les fois qu'ils contiennent des dispositions générales, et, dans les autres cas, par voie de notification individuelle.

La publication est constatée par une déclaration certifiée par le maire.

PUPILLE. V. *Mineur*.
PUTOIS. V. *Négligence*.

Q

QUASI-CONTRAT. (C. civ., 1371-1381.) — Fait par lequel plusieurs personnes se trouvent obligées les unes envers les autres, quoiqu'il ne soit intervenu entre elles aucun engagement.

Ainsi, celui qui a payé par erreur une chose qui n'était pas due a une action pour répéter cette chose contre celui qui l'a indûment reçue.

La gestion volontaire et sans mandat des affaires d'une personne absente est aussi un quasi-contrat. (Dict. C.)

QUASI-DÉLIT. (C. civ., 1382 et suiv.) — On entend par quasi-délit tout fait illicite commis sans intention de nuire et qui cause un dommage à autrui. (Dict. C.).

QUÊTE. V. *Chasse*.

QUITTANCE. — Écrit constatant que quelqu'un a payé une somme d'argent. (Littré.)

A partir du 1ᵉʳ déc. 1871 (L. 23 avril 1871, complétée par décr. 27 nov. 1871, L. du 28 févr. 1872; décret, 29 avril 1881), sont soumis à un droit de timbre de 0,10 centimes : les quittances ou acquits donnés au pied des factures et mémoires, les quittances pures et simples, reçus ou décharges de sommes, titres, valeurs ou objets, et généralement tous les titres de quelque nature qu'ils soient, signés ou non signés, qui comporteraient libération, reçu ou décharge.....

Ce droit est à la charge du débiteur, nonobstant le recours de l'État contre le créancier en cas de contravention.

R

RABATTEUR. V. *Porte-carnier.*

RABOUILLÈRE. V. *Riverain.*

RACE. V. *Chien lévrier.*

RAGE. V. *Chien errant.*

RALE d'eau. — Est classé parmi les oiseaux d'eau.

RAMIER. — Est considéré comme oiseau de passage, et également comme animal nuisible.

Il est même assimilé par certains auteurs aux bêtes fauves, au point de vue du droit de destruction.

RAPPORT. V. *Lieutenant de louveterie.*

RAQUETTE. V. *Sauterelle.*

RÉASSIGNATION. — Seconde assignation devant un tribunal.

RÉBELLION. V. *Illégal, Permis.*

REBOISEMENT. V. *Montagne.*

RECEL. — L. 1844; art. 27, C. pén. 62. — Lorsque la mise en vente, achat, transport, etc., de gibier sont prohibés, celui qui achète aux braconniers le gibier doit-il être considéré comme recéleur ?

La Cour de Rouen (9 juin 1871) est pour l'affirmative, ainsi que la majorité des cours et des auteurs.

Je n'ai qu'un regret, c'est que l'on ne considère pas comme recéleur tout acheteur de gibier en temps prohibé, y compris les consommateurs. (V. le mot *Braconnier.*)

Celui qui recèle les œufs de faisans ou de perdrix (V. *Couvée*) pris sur le terrain d'autrui doit être puni comme complice.

Le recel n'est coupable qu'autant qu'il est constaté que le prévenu a agi avec connaissance de cause. (Note. — Dalloz, 1. 171, 4ᵉ cahier, 1889.)

RECHERCHE du gibier. V. *Chasse*.

RÉCIDIVE. — L. 1844, art. 15. — Il y a récidive lorsque le second délit est commis moins de douze mois après la date du jugement définitif prononcé pour le premier délit.

Il faut que les deux délits soient des délits de chasse, mais il n'est pas nécessaire que le second ait été commis dans le même ressort du tribunal ayant jugé le premier.

RÉCIPROCITÉ. V. *Permission*.

RÉCOLTE. V. *Dévastation, Permis*.

RÉCOMPENSE. V. *Gratification*.

RECONDUCTION. V. *Tacite*.

RECOURS. V. *Référé*.

RECOURS en grâce. V. *Gratification*.

REÇU. V *Quittance*.

REDEVANCE. V. *Adjudication, Permis*.

RÉEL. V. *Incompétence*.

RÉFÉRÉ (ordonnance de). — (C. pr. civ., art. 810, 811.) — Non susceptible d'opposition et exécutoire avec ou sans caution; susceptible d'appel dans la quinzaine de la signification si la valeur du litige excède le taux du dernier ressort.

C'est un recours exercé devant le président du tribunal de première instance, à l'effet de faire juger provisoirement et avec rapidité, soit les difficultés survenues dans l'exécution d'un jugement ou d'un acte exécutoire, soit toute autre affaire urgente.

Si le cas requiert célérité, le président peut permettre d'assigner à bref délai à l'audience, ou à sa demeure, ou sur l'heure, même les jours de fête. (Dict. C.)

La demande en inscription de faux incident civil ne s'oppose pas à ce que le juge de référé (V. ce mot) ordonne l'exécution partielle du bail. (Besançon, 15 mars 1882.)

REFUS. V. *Arrestation.*

REGAIN. V. *Couvert.*

REGAZONNEMENT. V. *Montagne.*

RÉGIE. V. *Octroi.*

RÉGION. V. *Zone.*

RÉGISSEUR. V. *Jardinier.* — Peut être garde particulier.

REGNICOLE. — Les habitants naturels d'un royaume (et les étrangers naturalisés), considérés par rapport aux droits dont ils peuvent jouir. (Littré.)

RÉHABILITATION. V. *Permis de chasse.*

RÉINTÉGRANDE. V. *Juge de paix.* — Une des trois actions possessoires :

1° La *complainte* (demande au maintien en possession).

2° La *réintégrande* (demande pour être réintégré en possession).

3° *Dénonciation de nouvel œuvre,* sorte de complainte contre celui qui entreprend sur ses fonds une nouvelle œuvre pouvant porter préjudice au voisin.

REJET de fossé. — C. pén., 456. — Les fossés entre deux héritages sont réputés mitoyens, à moins que la levée ou rejet se trouve d'un seul côté.

La peine est de un mois à un an de prison, plus l'amende, pour celui qui comble des fossés.

Entre les bois de particuliers et les bois de l'État, les fossés appartiennent aux particuliers. (Cass., 12 août 1851.)

RÉMUNÉRATION. V. *Gratification.*

RENARD. V. *Bêtes fauves, Neige.* — Est classé parmi les animaux malfaisants et nuisibles (et même parmi les bêtes fauves dans le sens de l'art. 9. — Poitiers, 29 oct. 1886).

Par suite, le propriétaire ou fermier peut le détruire en tout temps sans arrêté préfectoral l'autorisant, même sans que le dommage soit actuel. (Rennes, 18 juillet 1887.)

RÉPARATION. V. *Dommages-intérêts.*

RÉPÉTER. V. *Quasi-contrat.*

RÉQUISITION. V. *Battue.*

RÉSERVISTE. V. *Garde champêtre.*

RÉSIDENCE. V. *Domicile.*

RÉSILIATION. V. *Juge de paix.*

RÉSOLUTOIRE (condition). — Qui entraîne la résolution d'un acte, par opposition à condition *suspensive*, qui suspend l'exécution d'un acte.

RESPONSABILITÉ CIVILE. V. *Imprévu, Lapin, Invité, Enfant, Société.* — C. civ. 1382 et suiv. — Pour les différents cas de responsabilité civile, on peut se reporter aux mots *Imprévu, Lapin, Invité, Enfant,* etc.

Nous n'examinerons ici que la question de solidarité entre copropriétaires ou colocataires de chasse.

« Une condamnation solidaire ne pourrait intervenir que contre des copropriétaires ou colocataires de chasse. » — *Sic*, Sorel, 48; ce dernier cite dans ce sens le jugement du tribunal de Rambouillet, du 26 février 1869.

Il s'agit là de dommages causés aux champs; mais une question plus grave a été soulevée dans ces temps derniers : Si la demande en dommages-intérêts est née par suite d'un accident de chasse (blessure ou mort d'homme, rabatteur ou chasseur) ?

Le demandeur doit établir qu'il y a eu négligence ou imprudence de la part des défendeurs.

Mais la négligence ou l'imprudence étant admise, l'affaire peut se présenter sous deux aspects différents : ou l'auteur de l'accident est connu, ou bien il est resté inconnu.

Dans la première espèce, si l'imprudence vient du fait personnel du tireur, je ne pense pas que les copropriétaires présents puissent être considérés comme responsables civilement; au contraire, si l'imprudence consiste, par exemple, dans l'exécution d'un ordre mal donné par les chasseurs ou l'un d'eux délégué par les autres, je serais moins affirmatif.

Dans la seconde espèce (lorsque l'auteur de l'accident est resté inconnu), il me paraît difficile de ne pas rendre tous les copropriétaires présents responsables solidairement, et il en serait de même, qu'il y ait association ou non entre les chasseurs, du moment qu'ils étaient présents.

Ce n'est là, du reste, qu'une opinion personnelle.

RESPONSABILITÉ PÉNALE. V. *Invité.*

RESTAURANT. V. *Auberge.*

RÉTRIBUTION. V. *Appointement, Gratification.*

RÉVÉLATEUR. V. *Acquittement.*

RÉVOCABLE. V. *Garde.*

RIVAGE. V. *Plage.*

RIVE. V. *Canal.*

RIVERAIN. V. *Lapin.*—L. 1844, 28.—Il est certain que le propriétaire voisin d'une forêt n'aurait droit à aucune indemnité à raison des dégâts causés à sa propriété par les animaux sauvages sortis de cette forêt, si les dégâts n'étaient imputables qu'à son fait ou sa faute, et surtout s'il n'avait agi que par fraude, notamment dans un but de spéculation. (D. C. ch., 28.)

En principe, tout propriétaire peut varier à son gré la culture et l'exploitation de ses terres... Toutefois, en général, celui qui sème à proximité d'une forêt des productions dont le gibier est très avide, commet une imprudence qui peut être prise en considération par les tribunaux, pour modérer le montant des dommages-intérêts qu'il réclame à raison des dégâts causés à ses récoltes par le gibier. (Giraudeau, Leblond, 408. — Trib. Corbeil, 30 août 1855. — Rambouillet, 30 déc. 1859. — Senlis, 23 juin 1870. — Cass., 22 avril 1873. — Cass., 28 mars 1888.)

Il a même été décidé que le fait, de la part du cultivateur, de ne pas détruire les terrassons et les rabouillères (bien entendu, il s'agit des rabouillères faites sur le terrain du cultivateur), était une faute personnelle de nature à décharger la responsabilité du propriétaire du bois. (Trib. Corbeil, 21 mars 1883.)

RIVIÈRE. V. *Canal*.

ROGATOIRE. — Se dit de la commission qu'un juge adresse à un autre juge pour l'inviter à faire quelque acte de procédure dans l'étendue de son ressort. (Littré.)

ROMPRE. V. *Chiens courants*.

ROSEAU. V. *Entourage*. — N'est pas clos, dans le sens de l'article 2, le terrain simplement entouré de *roseaux*, les uns plantés verticalement, les autres placés horizontalement, et reliés aux premiers, si cette clôture peut, en certains endroits, être enjambée sans effort, ou être traversée en écartant les roseaux avec la main sans détérioration. (Tr. corr. Carpentras, 27 déc. 1866.)

ROSSIGNOL. V. *Volière*.

ROUTE. V. *Chemin*.

RUCHE. V. *Abeille*.

RUISSEAU. V. *Cours d'eau*.

S

SAC à furets. V. *Furet*.

SAISI (gibier). — Si l'établissement de bienfaisance est trop éloigné pour qu'on puisse, sans inconvénients, lui faire parvenir le gibier saisi, le juge de paix ou le maire a le droit de le faire distribuer aux pauvres de la localité, sauf à énoncer les motifs de cette mesure, dans l'ordonnance par lui rendue à la suite de la saisie. (Berriat, p. 41. — Giraudeau, n° 454.)

SAISIE-GAGERIE. V. *Juge de paix.*

SALAIRE. V. *Appointement.*

SALUBRITÉ. V. *Sûreté.*

SANCTION. — La peine ou la récompense qu'une loi porte, décerne pour assurer son exécution (Littré), et qu'il ne faut pas négliger dans les actes entre particuliers.

SANGLIER. V. *Gibier, Coiffé, Négligence, Bêtes, Louvetier.*

SARCELLE. V. *Canard.*

SAUT DE LOUP. V. *Entourage, Trappe.*

SAUTERELLE. — Le permis est obligatoire pour la chasse aux petits oiseaux qui se fait sur la lisière des bois avec *raquettes* ou *sauterelles.* (Trib. corr. Sainte-Menehould. V. *le Droit* du 21 septembre 1844.)

SAUVAGE. V. *Animal.*

SAUVAGINE. V. *Canard.*

SCELLÉS. — (C. pr. civ., 907 et suiv., C. pén. 251.) — C'est une mesure qui a pour but d'empêcher le détournement d'objets, et qui consiste dans l'apposition sur les serrures des portes, armoires, caisses, etc., d'une bande de papier fixée par ses deux extrémités avec le sceau de la justice de paix.

Le bris des scellés est puni d'un emprisonnement d'un an à trois ans.

Si c'est le gardien lui-même qui s'en est rendu coupable, il est passible d'un emprisonnement de deux à cinq ans et d'une amende de 50 francs à 2,000 francs. (Dict. C.)

SCIENTIFIQUE. V. *But.*

SÉCHERESSE. V. *Glace.*

SEIGLE. V. *Blé.*

SEMENCE. V. *Blé.*

SEMIS. V. *Plant.*

SENTE, SENTIER. V. *Pièges.*

SÉQUESTRE. — État d'une chose en litige remise en main tierce jusqu'à ce qu'il soit réglé à qui elle appartiendra. (Littré.)

SERGENT. V. *Gardien.*

SÉRIE. V. *Zone.*

SERIN. V. *Volière.*

SERMENT. V. *Garde.*

SERVICE. V. *Jardinier.*

SERVICE MILITAIRE. V. *Garde champêtre.*

SERVIR. V. *Coiffé.*

SERVITEUR. V. *Jardinier.*

SIGNATURE. V. *Procès-verbal.*

SIGNIFICATION. V. *Référé.*

SILO. V. *Claie.*

SINISTRE. V. *Incendie.*

SOCIÉTÉ DE CHASSE. V. *Responsabilité.* — L'association formée entre plusieurs personnes à l'effet d'exercer un droit de chasse dont l'une d'elles s'est rendue adjudicataire a le caractère d'une société civile qui doit être régie par les principes du droit commun.

Et cette société peut être dissoute à raison des dissentiments graves qui existent entre les associés et qui rendent leurs relations impossibles. (Orléans, 19 nov. 1887.)

Lorsque celui des associés qui s'est rendu adjudicataire du droit de chasse ne peut, aux termes du cahier des charges (V. le mot *Adjudication*), céder son bail qu'en la forme administrative et après avoir obtenu l'autorisation préfectorale, ce droit ne peut être licité. Mais ceux des associés qui se trouvent privés du bénéfice du contrat par le fait de leurs coassociés, sont fondés à réclamer de ces derniers des dommages-intérèts. (Même arrêt. — V. Q. Q. 4e série, p. 37.)

SOL. V. *Terrain.*

SOLEIL. V. *Nuit.*

SOLIDAIRE. V. *Responsabilité.* — Ceux qui ont commis un délit de chasse conjointement, sont condamnés solidairement aux amendes, dommages-intérêts et frais (art. 27).

SOLITAIRE. V. *Coiffé.*

SOMME d'argent. V. *Quittance.*

SOUS-LOCATION. V. *Cession.*

SOUS-PRÉFET. V. *Permis.* (L. 28 pluv. an VIII. — 13 avril 1861.) — Le décret du 13 avril 1861 a conféré aux sous-préfets le droit de décision dans un certain nombre d'affaires, qui jusqu'alors étaient soumises à l'autorité préfectorale...

Ils servent d'intermédiaires entre le préfet et les maires de leur arrondissement. Voilà leur caractère principal. (Dict. C.)

SOUS-SEING. V. *Acte.*

SPONTANÉ. V. *Involontaire.*

STATION. V. *Gare.*

STÈRE. — Un stère égale un mètre cube.

SUBSTITUTION. — L. 11844, art. 5, § 3. — Le permis de chasse étant personnel, le porteur ne peut le prêter ni à sa femme ni à ses enfants.

SUCRERIE (betterave pour). V. *Betterave*.

SUITE. V. *Droit de suite*.

SUPPLÉTOIRE. V. *Décisoire*.

SURABONDANCE (de gibier). V. *Destruction*.

SURENCHÈRE. — Enchère que l'on fait au-dessus d'une autre enchère. (Littré.)

SURETÉ. — L. 5 avril 1884, art. 91, 99. — Le maire, et à son défaut le préfet, peut prendre des arrêtés pour la salubrité, la sûreté et la tranquillité publiques, sur le territoire de sa commune; notamment il a le droit de défendre l'usage des armes à feu sur les routes et dans l'intérieur des villes et villages.

SUR SES FINS. V. *Coiffé*.

SURSIS. V. *Délai*.

SURVEILLANCE de la haute police. V. *Permis*.

SUSPENSIF. V. *Résolutoire*.

SYNALLAGMATIQUE. V. *Acte*.

T

TACITE reconduction. — C'est le renouvellement de bail qui s'opère par le fait de la continuation de jouissance du locataire, sans opposition du bailleur. (Dict. C.)

TALUS. V. *Glacis*.

TAXE. V. *Chiens* (impôt).

TÉLÉGRAPHIQUE (dépêche). — La dépêche télégraphique par laquelle le sous-préfet annonce à un maire qu'il a accordé l'autorisation de procéder à des battues pour la destruction des animaux nuisibles, ne peut tenir lieu de l'arrêté d'autorisation... (Trib. Compiègne, 29 juillet 1885.)

TÉMOIN.—Il y a les témoins judiciaires (ceux qui déposent en justice) et les témoins instrumentaires (ceux dont le concours est nécessaire pour la rédaction d'un acte).

Lorsque les témoins judiciaires font défaut, c'est-à-dire, ne se présentent pas à l'appel de leur nom, ils sont condamnés à l'amende et réassignés à leurs frais. En cas de deuxième défaut, ils sont de nouveau mis à l'amende, et il peut être décerné contre eux un mandat d'amener. (V. ce mot.)

TEMPS prohibé. V. *Chasse*.

TENIR TÊTE. V. *Coiffé*.

TENUE. V. *Uniforme*.

TERRAIN ou **TERREIN**. V. *Chasseur, Habitation, Droit de suite. Chasse, Chien, etc.. Neige, Poursuite*. — L. 1844, art. 1. — Lorsque fut discutée la loi de 1844, une proposition de M. Ardant, tendant à ajouter le mot *sciemment* à l'article 1ᵉʳ pour établir la culpabilité de celui qui chasserait sur le terrain d'autrui, ne fut pas admise.

Était-ce inutile ? Les uns le pensent encore aujourd'hui, et ne comprennent la culpabilité que lorsqu'il y a intention. Les autres, partisans du délit-contra-vention (V. le mot *Contravention*), ne s'occupent pas de l'intention et considèrent qu'il y a délit du moment que la présence du chasseur est constatée sur le terrain d'autrui.

La Cour de Colmar (29 mai 1866) n'admettait pas

la culpabilité de la part de traqueurs qui avaient dépassé les limites de la chasse par ignorance.

La majorité des auteurs et des tribunaux est loin de suivre aujourd'hui ce système équitable.

TERRASSON. V. *Riverain.*

TERRE. V. *Terrain.*

TERREIN. V. *Terrain.*

TERRIER. V. *Négligence.* — C. civ., art. 669. — Lorsqu'un terrier est en limite sur deux chasses et que les gueules se trouvent aussi bien sur l'un que sur l'autre héritage, quels sont les droits des propriétaires mitoyens ?

Cette question est nouvelle, et je ne pense pas qu'elle ait été jugée.

Ne serait-il pas juste de la trancher en suivant, par assimilation, pour un terrier commun, les mêmes principes que pour les haies mitoyennes ?

« Tant que dure la mitoyenneté de la haie, dit l'article 669 du Code civil modifié par la loi du 23 août 1881, les produits en appartiennent aux propriétaires par moitié. »

TERRINE. V. *Gibier.* — Il ne faut pas confondre *terrine* et *pâté.* Les terrines sont le seul genre de conserves qui devrait être autorisé après la fermeture de la chasse pour le gibier, avec les précautions que j'ai proposées et que la Commission du Sénat a faites siennes dans son projet de loi sur la chasse. (Bandes avec le contrôle de la Régie.)

Mais actuellement les marchands, les braconniers et les consommateurs ont beau jeu, puisque, si la Cour de Paris est contraire, dans plusieurs arrêts, à la

vente des conserves en temps prohibé (16 déc. 1875;
24 nov. 1882), la Cour de cassation est d'un avis
contraire (21 décembre 1844). Du reste, la Cour de
Paris elle-même a rendu des arrêts conformes à la
jurisprudence de la Cour suprême (23 juin 1882).

C'est un débouché fructueux pour le braconnage.

TERRITORIAL. V. *Garde champêtre.*

TERROIR. V. *Terrain.*

TIMBRE. V. *Quittance.*

TIR. V. *Chasse, Exercice.*

TITRE. V. *Quittance, Référé, Acte.*

TOISE. — Ancienne mesure valant 1^m,949.

TOLÉRANCE. V. *Permission.*

TORCHE. V. *Feu.*

TOURDE (grive de vigne). — Est classée comme
oiseau de passage.

TOURTERELLE. V. *Volière.*

TRACE. V. *Gîte.*

TRANQUILLITÉ. V. *Sûreté.*

TRANSACTION. V. *Gratification.* — Acte par lequel
on transige sur un différend, sur un procès. (Littré.)

TRANSIT. V. *Passe-debout, Envoi.* — Faculté de
faire passer des marchandises à travers un État, une
ville, sans payer les droits d'entrée. (Littré.)

TRANSPORT. V. *Envoi, Trappe mobile.* — La jurisprudence incline à ne pas considérer les trappes
mobiles comme des pièges. (Trib. Compiègne, 26 septembre 1867. — Cour de Douai, 22 juin 1886. — Cour
cass., 18 déc. 1886.)

Les auteurs ne partagent pas tous cet avis, notamment Leblond.

Ces trappes mobiles sont organisées de telle sorte que le gibier une fois entré dans un enclos ne peut plus en sortir, la trappe se refermant derrière lui.

Les adversaires objectent que le piège par lui-même ne prend pas le gibier; c'est donc un *moyen*, et non pas un *engin*. (V. le mot *Collet*.)

C'est si bien un engin, qu'une fois la trappe baissée, le gibier est prisonnier, et que s'il ne tombe pas immédiatement en possession du propriétaire de l'enclos, c'est parce que ce dernier préfère le garder actuellement dans ces conditions. Sinon, il suffit d'établir derrière la trappe, soit un filet, soit tout autre engin, pour s'emparer du gibier dès son entrée dans l'enclos, ce qui ne peut pas être constaté du dehors.

Les sauts de loup à l'anglaise devraient être considérés également comme des pièges, puisqu'ils sont construits de telle manière que le gibier une fois entré ne peut plus sortir, ce qui n'arrive pas avec les sauts de loup ordinaires. (V. Q. Q., 3ᵉ et 4ᵉ série.)

En un mot, toute clôture ou tout engin qui empêche la *circulation* du gibier devrait être interdit.

TRAQUE. V. *Battue*.

TRAQUENARD. V. *Collet*.

TRAQUEUR. V. *Porte-carnier*.

TRÉBUCHET. V. *Collet*.

TRÈFLE. V. *Blé*.

TREILLAGE. V. *Entourage, Coupe*.

TRIBUNAL de commerce. V. *Tribunal de première instance*.

TRIBUNAL de première instance. V. *Juge de paix, Cour d'appel, Condamnation*. — Ces tribunaux ne jugent qu'en première instance les affaires mobilières et personnelles supérieures à 1,500 francs de principal, et les affaires immobilières dont l'objet dépasse 60 francs de revenu.

Ils sont tribunaux d'appel pour les jugements de justice de paix (V. *Condamnation*), et ils sont tribunaux correctionnels pour les délits (à partir de six jours de prison et 16 francs d'amende).

Ils jugent commercialement dans les villes ne possédant pas de tribunaux de commerce.

TRIBUNAL de simple police. V. *Juge de paix*.

TROUPES. V. *Manœuvres (grandes)*.

TROUVÉ (gibier). V. *Involontaire, Collet*.

TUER. V. *Achever*.

TUTEUR. V. *Permis*.

U

UNIFORME. V. *Costume, Invite*.

UNILATÉRAL. V. *Acte*. — Le contrat unilatéral est celui qui ne produit des engagements que de la part de l'une des parties contractantes.

URGENCE. V. *Référé*.

USAGE. V. *Prêt, Ban*.

USUFRUITIER. — (C. civ., 578-624.) — L'usufruitier a droit à tous les fruits, soit naturels, soit industriels, soit civils, de la chose soumise à l'usufruit et par suite à la chasse. (Dict. C.)

V

VAGABONDAGE. V. *Permis de chasse.*

VALET de chiens. V. *Équipage.*

VALEUR. V. *Quittance.*

VANNEAU. V. *Classification.*

VÉHICULE. V. *Charrette.*

VEILLEUR. V. *Gardien.*

VENAISON. V. *Gibier.*

VENDANGE. V. *Ban* et l'Appendice.

VENDRE. V. *Braconnage, Gibier.*

VÉNERIE. V. *Équipage.*

VENEUR (grand). — Les fonctions de grand veneur ont été supprimées par l'ordonnance du 14 septembre 1830; le grand veneur est remplacé par l'Administration des forêts.

VERBALE. V. *Permis, Menace.*

VERBALISER. — Dresser un procès-verbal.

VERDIER. — N'est pas un oiseau de passage.

VÊTEMENT. V. *Costume.*

VIAGER. V. *Certificat.*

VICINAL. V. *Chemin.*

VIGNE. V. *Ban, Couvert* et l'Appendice.

VIGNES. V. *Manœuvres (grandes).*

VIOLENCE. V. *Permis.*

VISITE. V. *Collet.*

VIVANT. V. *Gibier.*

VIVIER. V. *Poisson, Cygne.*

VOIE. V. *Chemin de fer.*

VOISIN. V. *Permissionnaire, Terrier, Droit de suite.*

VOITURE. V. *Complice, Octroi.*

VOL. V. *Permis de chasse, Involontaire.*

VOLAILLE. V. *Basse-cour, Gibier.*

VOLIÈRE. V. *Captif.* — Les animaux qui sont essentiellement des oiseaux de chant et de plaisir, tels que les rossignols, les fauvettes, les serins, etc., lesquels ne sauraient être considérés comme un véritable gibier, peuvent être vendus et transportés en tout temps. (J. G. *Chasse*, 215.)

Mais la question est controversée pour les oiseaux de volière ou d'agrément qui rentrent dans la classe du gibier, tels que les alouettes, les merles, les tourterelles, les faisans, etc. (V. *Gibier*.)

VOLONTÉ. V. *Involontaire.*

VOYAGEUR. V. *Pigeon.*

W X Y Z

ZÈLE. V. *Garde champêtre.*

ZONE. V. *Ouverture de la chasse.*

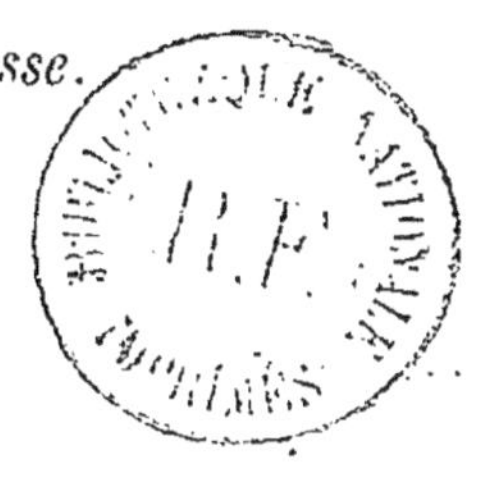

FIN.

APPENDICE

NUISIBLE. — Le droit de destruction, prévu par l'art. 9 de la loi de 1844, ne concerne que les animaux qui ont été classés par le préfet du département comme animaux *malfaisants* ou *nuisibles*. (D. Ch.)

Voici la liste des animaux généralement considérés comme malfaisants ou nuisibles :

Oiseaux : Aigle, autour, balbuzard, bec-croisé, bondrée, busard, buse, chat-huant, choucas, chouette, circaëtte, corbeau, corneille, duc, épervier, faucon, geai, gypaète, hibou, jean-le-blanc, milan, phène, pie, pie-grièche, pigeon, pygargue, saint-martin, sous-buse, vautour.

Quadrupèdes : Belette, blaireau, chat sauvage, fouine, furet, hermine, lapin, loir, loup, loutre, martre, putois, renard, sanglier.

LOI

PARUE DEPUIS LA COMPOSITION DU DICTIONNAIRE

BAN (de vendange). — *Loi du 9 juillet 1889, article 13.* — Le ban de vendange ne pourra être établi ou même maintenu que dans les communes où le conseil municipal l'aura ainsi décidé par délibération soumise au conseil général et approuvée par lui.

S'il est établi ou maintenu, il est réglé chaque année par arrêté du maire.

Les prescriptions de cet arrêté ne sont pas applicables aux vignobles clos de la manière indiquée par l'article 6. (Il s'agit de toute clôture faisant obstacle à l'introduction des animaux.)

PARIS. TYP. DE E. PLON, NOURRIT ET Cie, RUE GARANCIÈRE, 8.

LÉGENDE

D. C. ch. : Dalloz, *Code annoté de chasse.*
D. P. ou Pr. ou C. : Dalloz, *Code annoté de chasse, Pénal* ou *Procédure* ou *Civil*, etc.
D. J. G. : Dalloz, *Jurisprudence générale.*
Dict. C. : *Dictionnaire usuel de législation*, par Ernest Cadet.
Littré : *Dictionnaire de Littré.*
Q. q. 1re s. : *Quelques questions de chasse*, par R. Lajoye, 1re série.
  — 2e s.   —   —   —   — 2e —
  — 3e s.   —   —   —   — 3e —
Auteurs cités : LEBLOND, VILLEQUEZ, PUTON, ESCAICH, GIRAUDEAU, LELIÈVRE ET SOUDÉE, JULLEMIER, etc.

Obs. — De nombreux passages empruntés à différents livres seront nécessairement reproduits dans cet ouvrage (comme dans tous les dictionnaires) : mais ces emprunts porteront toujours le nom de l'auteur consulté ou donneront le titre du livre mis à contribution.

N. B. — Pour éviter les répétitions, on trouvera souvent réunis sous le même mot des noms qui n'ont aucun rapport entre eux comme synonymes, mais qui sont régis par les mêmes lois.

Ex. : *Couvée*, voyez *Faon* ; *Vigne*, voyez *Blé.*

Manuel pratique des tribunaux de commerce, à l'usage
des magistrats, des justiciables, des officiers ministériels et
des divers auxiliaires de la juridiction commerciale, par
E. Camberlin, secrétaire de la présidence du tribunal de commerce de Paris. Un vol. in-8º. Prix. . . . . 12 fr.

Traité de la compétence des juges de paix, dans lequel
la loi du 25 mai 1838 et toutes les lois de la matière sont déve-
loppées et combinées avec les principes de droit qui s'y rattachent et les règles de la procédure civile et criminelle, par
Curasson, mis au courant par MM. Poux-Lagier et Paul Pialat,
docteurs en droit. Deux vol. in-8º. Prix. . . . . 20 fr.

**Des Voituriers par terre, par eau et par chemin de
fer**, ou Traité théorique et pratique des transports, par Auguste
Galopin, avocat au Conseil d'État et à la Cour de cassation.
Un vol. in-8º. Prix. . . . . 6 fr.

Vade-mecum des magistrats de simple police, par
Alphonse Michel, ancien avoué. 3ᵉ édit. Un vol. in-18. 5 fr. 50

Journal des tribunaux de commerce, contenant toutes
les décisions importantes rendues en matière commerciale par
le Tribunal de commerce de la Seine, la Cour d'appel de Paris,
la Cour de cassation et les autres cours et tribunaux, présentant l'exposé complet de la jurisprudence et de la doctrine
des auteurs en matière de commerce, recueil paraissant tous
les mois en un cahier de 64 pages, publié par Teulet et Camberlin. Abonnement : Paris, 15 fr.; départements, 16 fr. 50;
étranger. . . . . 18 fr.

**Nouveau Manuel analytique à l'usage des officiers de
police judiciaire, commissaires de police et autres
fonctionnaires**, contenant la généralité des infractions,
crimes, délits ou contraventions, avec de nombreuses dispositions légales, par M. Bellanger. 3ᵉ édition. Un vol. in-8º. 10 fr.

De la juridiction civile des juges de paix. Ouvrage faisant
suite aux *Actions possessoires*, et dans lequel on traite de toutes
les autres matières *civiles*, *contentieuses* et *non contentieuses*,
entrant dans les attributions des juges de paix comme juges
civils et comme juges de police, par Carou, juge de paix à
Nantes. 2ᵉ édition, considérablement augmentée et suivie d'un
formulaire, par M. Bioche, avocat. Deux vol. in-8º. Prix 12 fr.

**Code de l'administration départementale et commu-
nale.** — Lois, décrets, jurisprudence, Conseil d'État, Cour de
cassation, décisions et circulaires ministérielles. 3ᵉ édition,
revue et considérablement augmentée. Un vol. in-4º. 21 fr.

Le Code de l'Hôtelier, par J. Ferré, avocat à la Cour d'appel
de Paris. Un vol. in-8º. Prix. . . . . 10 fr.